沪江

— 沪江文化丛书 —

1916：徐志摩在沪江大学

吴禹星 编

徐志摩

上海交通大学出版社
SHANGHAI JIAO TONG UNIVERSITY PRESS

内容提要

本书主要梳理徐志摩1916年在沪江大学就读期间留下的印迹，介绍徐志摩游学沪江时沪江大学的校园与建筑、校长与中西教员、在校学生及校园生活情况。其他重要内容还有徐志摩发表在沪江大学校刊《天籁》上的11篇文字及其解读，这些资料属首次面世。

图书在版编目（CIP）数据

1916：徐志摩在沪江大学 / 吴禹星编．—上海：
上海交通大学出版社，2013
ISBN 978-7-313-10647-6

Ⅰ．①1… Ⅱ．①吴… Ⅲ．①徐志摩（1896~1931）
—生平事迹 Ⅳ．①K825.6

中国版本图书馆CIP数据核字（2013）第309097号

1916：徐志摩在沪江大学

编　　者：吴禹星
出版发行：上海交通大学出版社　　地　　址：上海市番禺路951号
邮政编码：200030　　电　　话：021-64071208
出 版 人：韩建民
印　　制：上海交大印务有限公司　　经　　销：全国新华书店
开　　本：787mm × 1092mm　1/16　　印　　张：14.25
字　　数：264千字
版　　次：2014年2月第1版　　印　　次：2014年2月第1次印刷
书　　号：ISBN 978-7-313-10647-6/K
定　　价：68.00元

沪江文化丛书

总序一

薛明扬

任何先进、生动的文化，都是在海纳百川地与其他文化进行交流中保持生命力并不断向前发展的，而宗教往往在其中扮演着极其重要的角色。季羡林先生在为《20世纪中国学术大典》(福建教育出版社)所作的序言中指出，中国文明之所以能够成为世界文明中“只此一家”的“兴旺发达垂五千年而未尝中断者”，其内因是有“有容乃大”的特点，其外因是有外来文化、外来的新鲜血液的输入。而在谈到外来文化与宗教的关系时，季羡林先生又指出，外来文化往往随外来宗教而入，宗教与文化是孪生兄弟；中国历史上两次最重要最有影响的外来文化输入，一次是佛教伴随着印度文化的输入，一次是天主教和耶稣教伴随着西方文化的输入——两者相距一千多年且其影响一直到今天还没有终结——都是伴随宗教而来的。先生谓之“铁证如山，无可否认”。

在我看来，历史上的沪江大学可以看作是季羡林先生上述论断的一个小小的注脚。沪江大学的滥觞，就是伴随着基督教的传入而创设的一所教会学校。其后，经过注册登记，沪江成为中华民国的一所“合法”大学。沪江大学历经清末、民国与新中国建国之初这三个时期，存世46年，在上海高等教育乃至中国高等教育的历史上都有着不容忽视的印迹和影响。今天的上海理工大学就是在沪江大学校址上建立的，校园内至今仍完整地保留着当年西方学院哥特式的建筑风貌。

当年，沪江大学在人才培养方面，最初是以培养教会人才为主，其后逐渐适应中国社会，进行双重文化调适，最后确立了职业化的教学趋向。沪江大学在中国率先创办社会学系，并在社会学、化学和工商管理学等领域颇有建树，其在册入学人数及男女同校比例，一度为全国教会大学之冠，是美国浸会在华教育事业的巅峰之作。作为教会大学，沪江的校长和主要教务人员，初期均系由美国教会决定或委派。随着民族斗争日益激烈，1928年，刘湛恩成为沪江大学第一任华人校长。在中华民族面临生死存亡的危急关头，刘湛恩毅然投身抗日救亡运动，刚毅不屈，最后为敌伪所害，向国家和人民交出了一份名垂青史的答卷，被政府和人民奉为革命烈士。显然，作为一所在中国创立的教会大学，沪江大学集中了殖民主义性与民族独立性的相互交替影响，时代印记表现得十分清楚而深刻。

历史学是一门古老的学科。今天，以明、清之际的历史为背景的电视剧方兴未艾，更因为诸多历史学家以几近说书的形式满腔热情地介入各类讲坛，多方推波助澜之下，历史学一下子变得热闹起来，国人也比以往任何时候都更加关注历史、关注过去。尽管人们对历史知识普及的形式和途径还见仁见智，但是，大家都乐意去关注和了解历史，这对一个有着悠久历史和文化的文明古国来说，无论如何都是一件幸事。部分出于风气所及，部分出于自觉，在许多大学的校园内，也相继出现了校史博物馆、展览馆等机构，不少学校还设立了专门的校史研究室。我以为，这一变化对于高等教育的进一步发展无疑将起到重要的铺垫与推进作用。

一直以来，社会对教会大学历史的研究，相对于20世纪国内教会教育的一度繁荣，其深度与广度是极不相称的。改革开放以后，教会大学的历史开始受到关注。华中师范大学原校长、历史学家章开沅教授曾经主编了一套关于教会大学的书籍，使我们对教会大学的了解得以加深。就沪江大学而言，曾在沪江大学执教的美国人海波士回国后所写的《沪江大学》一书，以及国内的复旦大学历史系王立诚教授的博士论文《美国文化渗透与近代中国教育：沪江大学的历史》，是目前关于沪江大学的两部具有代表性的著作。尤其是王立诚博士关于沪江大学完整、系统的研究，探幽索隐，剖析入微，史料翔实，使沉寂史海半个世纪、鲜为人知的沪江大学重见天日。此外，上海档案馆收藏的沪江大学全宗档案，以及散落于国家图书馆、北京大学图书馆、复旦大学图书馆、华东师范大学图书馆、吉林省图书馆等机构的当年沪江大学编辑的年刊、级刊等各种刊物，也为今天我们更加系统、深入地开展研究提供了可能。全面了解沪江大学的历史，以史为鉴，有利于总结学校百年办学过程中凝聚的人文理念，也有利于传承文脉，促进学校的创新与发展。

治史是和过去对话，也是对未来的启迪。斯人已逝，唯有那些不会说话的泛黄的文字和图片，静静地守护着那些曾经的热烈和兴替。上海近代以来就是我国高等教育的重镇，新中国成立后，特别是改革开放30余年来，上海高等教育更是有了日新月异的发展。近年来，经过布局结构调整和民办教育的蓬勃发展，目前上海普通高等院校已达61所，在校学生50余万人，为国家和地方的经济建设与社会发展作出了重要贡献。我曾经在上海理工大学工作过，对上海理工大学的历史和现状有些了解。我个人以为，今日上海理工大学在国际交流与合作、科技创新与服务社会等方面所以能够保持着鲜明的特色，在很大程度上是得益于沪江大学、国立上海高级机械职业学校的历史性的铺垫。上海理工大学组织力量，对沪江大学的历史与文化进行挖掘、整理，出版“沪江”系列丛书，实际上也符合我的一个愿望。也正是由于这个缘故，上海理工大学提出要我为这套丛书作序时，我欣然应允，我更愿意以这样的方式对上海理工大学致意并表示热烈而衷心的期待。我同时相信，这套丛书的出版，必将有力地推进我国高校历史与文化的研究。

听闻这套丛书的出版得到了遍布全球的沪江大学老校友的支持，曾经在沪江大学学习、执教过的徐中玉等前辈都给予了诸多指导，对此，我谨同样以上海理工大学校友的身份表示感谢，没有大家的支持与指导，这套丛书的出版不可能这么顺利而畅快。

是为序。

总序二　我的沪江岁月

徐中玉

抗日战争爆发以前，我原在青岛的国立山东大学中文系学习过三年，坚持抗日活动，参加中共的“民族解放先锋队”（简称“民先”）工作。后来随校西迁，在重庆国立中央大学中文系毕业，并加入“中国文艺界抗敌协会”，发表许多抗日的文艺论文，担任“中央大学文学会”的主席。接着又考入迁在云南的国立中山大学研究院文科研究所深造，两年后毕业留校，在中文系任讲师后又任副教授。抗战胜利后，山东大学在青岛复校，1946年即回母校任教，并主编济南《山东新报》的“文学周刊”及青岛《民言报》的“每周文学”两个周刊。因公开支持党的“反内战，反饥饿”的学生运动，竟受到国民党政府迫害。由于青岛警备司令丁治磐称我支持革命学生的这些活动有“奸匪”嫌疑，报经教育部长朱家骅密令山大一定要把我中途解聘，让我离开青岛。这根本不是母校的意思。山大赵太侔校长把密令给我看了，他出于安全考虑，劝我暂时离开为妥。不得已，我就回到上海，借住在亲戚家，艰苦写作，维持一家生计。后承师友帮助，先后蒙大夏大学、沪江大学两校聘请，最后决定接受沪江大学聘请，于1947年暑期后到中文系任教。稍后还曾同时在同济大学中文系及复旦大学中文系兼过课。直到1952年全国高校院系调整，调到华东师范大学中文系，才离开沪江大学。我过去学习与任教，都在国立大学，与教会大学从无关系，很不了解，去了才感觉并无多少差异，同样有贡献、有成绩。可能是因教会大学后已有所改制。在沪江大学中文系五年，我很有感情，相当顺心，沪江中文系同事素质高，又很和谐、精简。我除教课之外，先后还兼任过图书馆馆长、工会副主席、“中国民主同盟”的沪江区分部负责人、校“革新会”成员等。我至今还牢记不忘的，是当年这些老同学、老朋友（即朱东润、余上沅、施蛰存、章靳以、朱维之五位），都已逝去了。有些在中文系或别系我教过“大学语文”课的同学，见面时都很亲切，各有成就。我的三个孩子，当年都曾在沪江小学读过书，现在也仍牢记着当年的小学生活，说是环境好，地方大，老师们也教得好。他们有的至今还在美国任教任职，有的还回国推动贸易，目标是对双方都有益。所有这些现象都使我欣慰，国家之间都有共同发展愿望，便是人类都在进步的象征。过去的沪江有不少成绩，即教会大学依然同样培养出了不少创下革命实绩的英才。燕京大学、金陵大学、协和大学、岭南大学、华西大学、沪江大学、圣约翰大学等等教会大学都是这样的。“沪江大学”现在发展成了上海理工大学，一定能更加前进。

在抗日战争时期，沪江大学首任华人校长刘湛恩深受国内教育界和宗教界重视重用。他抗日救国的斗争精神特强，终遭日伪敌人暗杀，引起国际国内群情声援。这些事迹我们永志不忘。刘湛恩的牺牲是“沪江”的不幸，也是“沪江”的光荣。解放后，经过思想改造的“沪江”的教授们要求能去北京学习各大学的新生改革情况，消息传到北京，得到周恩来总理的批准。沪江大学教授们自发组织的国内第一个大学参观访问团得以顺利前往北京，同北京各大学的负责同志交流，请予赐教；还蒙周总理特在北京饭店开了一个大会表示欢迎，亦鼓励我们多多自觉改造，办好新的大学。可以说，这是“沪江大学”历史上两件最突出的事情，无论是抗日救国斗争还是革命解放后的力求前进，都是值得我们永远牢记的大事。多少年过去了，学校会有各种改革创新，相信这些重大事件仍会对后来的同志起鼓励作用，令他们不断前进。刘湛恩校长的为国牺牲对我为耳闻、心照，周总理对沪江的指导与鼓舞，是我直接深刻的亲身经验。相信后来此地的同志们也会留下类似印象、产生感激之情。

上海理工大学百年校庆时，我也承邀回去参加祝贺过。知道上海理工大学已对沪江大学的历史进行系统的挖掘和整理，并取得不少成果。我略知近年国内教育界对教会大学在我国的功过有了客观、持平的研讨，改变了过去由于国家关系不和、政治制度有异而致的一味怀疑、不顾事实的态度，对沪江大学也有直接的研讨，这是很正常的进展。我相信将来能取得更多更确实的成绩，对此我感到高兴。

作为曾在沪江大学中文系工作过5年的人，虽然距今已近60年了，我对“沪江”还是深有感情的。校庆时看到有不少校舍仍保存得很整齐牢固，更看到已增加了许多新的建筑，各方面都欣欣向荣，深感振奋。“沪江”之后，会有更多、更大、更好的大学跟上，百年千年直到无穷的将来，我们中国的一切都会如此发展。我不久将会带领当年在沪江小学读书的儿女以及他们的儿孙一道再到老沪江来愉快地重游。

匆匆杂写此文，题名《我的沪江岁月》谨作为一个95岁老人对沪江大学久久的怀念之情吧。

2009年9月6日于上海寓中

Preface 1

Tony Sui-Tsan Hsu

From the time the poet Hsu Chih-mo, our grandfather, died in a fiery plane crash in 1931 at age 35, his writings and life have been studied and analyzed by thousands of people all over the world. His body of work, in particular his poems, which he left behind have been upheld as a significant reflection of Chinese poetry during a period when the literary genre and its writers struggled to find a modern identity.

How remarkable, then, to discover a new trove of Hsu Chih-mo writings, 11 essays written in classical Chinese and published in 1916 in The Voice, a literary journal of the Shanghai Baptist College. What makes these essays special is that relatively little of Hsu's writing from this period had been found. This collection, most likely written when Hsu was about 19 or 20, demonstrate the young student's understanding and appreciation of classical Chinese language, as well as the Chinese culture. It also illuminates the development of his intellect and his formative relationships.

序一

徐善曾

从诗人徐志摩——我们的祖父——在1931年因飞机失事遇难时起，他的作品、他的35年的短暂人生已经被无数的世人研究和探讨过。他留下的主要作品，特别是诗作，被视为那个时代中国诗歌创作最耀眼的成就。当时，作家们都在努力尝试着各种文学体裁的现代化。

此次徐志摩发表在1916年沪江大学文学期刊《天籁》上的11篇文言文散文的重新发现，意义非常重大。由于这时期所发现的徐志摩作品相对稀少，所以这批文章就显得格外珍贵。这些作品很有可能是徐志摩在19或者20岁时创作的，反映了这位青年学子的古文功底和对中国传统文化的理解。它们同时也揭示了徐志摩个人才智的生长路径和社会关系的形成轨迹。

In one particular essay, Hsu wrote about Professor Francis Johnstone White, the second president of the Shanghai Baptist College. In this essay, Hsu credits and expresses his appreciation to President White for creating an environment where his students could be stimulated and flourish. This essay and other material suggests Hsu's close relationship with Professor White. We believe it is fair to speculate that Professor White influenced Hsu's decision to travel to America to study at Clark University (1918) and a year later to continue his studies at Columbia University. This academic mentor, along with his academic career at Shanghai Baptist College clearly impacted the young Hsu, providing him with the initial stages for the educational foundation necessary to study in the West.

其中有一篇，是徐志摩写给沪江大学第二任校长魏馥兰教授的。在这篇文章中，徐志摩对魏馥兰校长表达了强烈的感激之情，感谢他为学生们创造了一个能够激发学生潜力并不断使其成长的环境。这篇文章和其他一些材料显示了徐志摩与魏馥兰教授之间的亲密关系。我们有理由推测，徐志摩后来赴美去克拉克大学留学并在一年后到哥伦比亚大学继续深造的决定，也是受了魏馥兰教授的影响。通过学术导师的身份，以及在沪江大学的学术生涯，魏馥兰明显影响了年轻的徐志摩，并为徐志摩在西方的学习提供了初步和必须的基础教育。

Those who examine Hsu's artistic development understand that, at different stages of his life, a number of people have profoundly influenced his thinking, actions and attitude. Some of these individuals may have been mentors; others were colleagues or friends. The most notable among his mentors have been Liang Qichao, Goldsworthy Lowes Dickinson, Bertrand Russell and Rabindranath Tagore. But in light of this collection of essays and other material from the Shanghai Baptist College archives, perhaps we might now consider F. J. White's influence.

那些研究徐志摩艺术创作历程的学者都知道，在徐志摩一生的不同阶段，有许多人对他的思想、行为和态度产生了深刻的影响。其中有些是师长，其余的则是同事和朋友。在师长辈中最著名的人物有梁启超、狄更生、罗素和泰戈尔。考虑到这一系列文章以及在沪江大学档案中发现的其他材料，我们或许也应该重视魏馥兰教授的影响。

It is gratifying to know that Jiao Tong University Press is publishing this book since Hsu Chih-mo's son Hsu Jikai, our father, graduated from Jiao Tong University in 1941.

很高兴得知本书由上海交通大学出版社出版。因为徐志摩的儿子徐积锴，也就是我们的父亲，是国立交通大学1941届的毕业生。

The Hsu family (including Angela King, Fern Tse, Margaret Mow and Tony Hsu) would like to express our sincere gratitude to Mr. Wu Yuxing, the editor in chief of this book and Mr. Wu's colleagues and associates for their dedicated effort in recovering the lost literary works of our grandfather and for republishing this material nearly a century after it was originally written.

我们徐家姐弟(包括老大徐棋、老二徐放、老三徐行和老幺徐善曾)在此向本书主编吴禹星先生，以及他的同事和助手表示最诚挚的感谢，感谢他们通过不懈的努力发掘出了我们祖父的佚文并且使这些作品在100年后得以重新面世。

(王　强　张伟东　译)

徐家姐弟合影，左起依次为老幺徐善曾(Tony Hsu)、老三徐行(Margaret Mow)、老大徐棋(Angela King)、老二徐放(Fern Tze)。2010年8月摄于北加州

序二

陈子善

Preface 2

Chen Zishan

诗人徐志摩活在人世虽只短短三十五个年头，但他的以不世出的才情、对生活的热诚，以及创作的勤奋所熔铸而成的优美诗文却相当可观，这已有台湾、香港和内地先后出版的不同版本的《徐志摩全集》可以作证。改革开放以来，沉寂多年的徐志摩研究也重新启动并蔚为大观，这也已有海内外多种版本的徐志摩传记和大量的徐志摩研究著作可以作证。徐志摩已是20世纪中国文学史上一个重要的不容忽视的存在。

It is only for a short period of time, thirty-five years, that Poet Hsu Chih-mo lives in this world, but his beautiful poetry made of his outstanding talent, enthusiasm for life, and the diligence of creation is considerable in number, which can be proved by different versions of the "Complete Works of Hsu Chih-mo" successively published in Taiwan, Hong Kong and the Mainland. Since China's reform and opening-up, after years of silence, the study on Hsu restarts and fills volumes, which can be proved by multiple versions of biographies at home and abroad and a lot of works on the study of Hsu. Hsu has been an important presence that cannot be ignored in the history of the twentieth century's Chinese literature.

然而，徐志摩研究仍然存在着不少盲区和误区，仍有待继续拓展和深入。徐志摩早年是否在上海沪江大学求学，以及由此而衍生的一系列疑难问题，就一直困扰着徐志摩研究者。陈从周、梁锡华、秦贤次、韩石山、李秀清等几代徐志摩研究者为解答这个徐志摩生平疑案作出了不懈的努力，也展开过热烈的争鸣。

However, there is still a lot of misunderstanding in the research of Hsu, yet to be continued to expand and explore. Whether Hsu went to the University of Shanghai for early schooling, and a series of other difficult issues have plagued Hsu's investigators all the time. Chen Congzhou, Liang Xihua, Qin Xianci, Han Shishan, Li Xiuqing and other researchers have made unremitting efforts to discuss and seek for the answer to this mystery of Hsu's life.

而今，随着徐志摩在沪江大学《天籁》杂志上一系列文章并相关资料的被发现，这个徐志摩研究中争论不休的难题终于取得了突破性的进展。

Now, with a series of magazine articles and related information found in the journal of the University of Shanghai "The Voice", the problem has finally achieved a breakthrough.

上海理工大学档案馆近年来一直致力于其前身沪江大学校史的发掘、整理和研究，并已取得丰硕成果，正陆续出版"沪江文化丛书"。正是在查阅沪江大学最具影响力的学术刊物《天籁》的过程中，他们发现了徐志摩1915年底至1916年底在沪江大学求学的直接证据和11篇之多的徐志摩早期佚文，从而改写了现有的徐志摩早期求学和创作版图。

In recent years, Archives of University of Shanghai for Science and Technology has been committing to explore, organize, and research its history and has achieved fruitful results, successively publishing books of "Hu Jiang Culture Series." It is in the process of reviewing "The Voice", the most influential academic journal of the University of Shanghai, they found direct evidence of Hsu's stay from the end of 1915 to the end of 1916 in the University of Shanghai, and as many as 11 articles of Hsu, thus rewriting of the existing knowledge of Hsu's early schooling and writing work.

自1916年3月 第4卷 第1号至同年12月第4卷第4号，"天籁社"汉文主笔徐志摩在《天籁》上以别号"徐志摩"和谱名"徐章垿"发表的《渔樵问答》、《卖菜者言》、《送魏校长归国序》、《贪夫殉财烈士殉名论》、《征人语》等11篇文言文，是目前所能见到的徐志摩大学时代最早的一批作品，弥足珍贵。从中可以清楚地看出徐志摩在20岁之前就已打下了扎实的古文功底，在其同辈中相当突出，与他的中学同学郁达夫堪称双璧。他对《楚辞》、《说文》等古籍经典均下过苦功，表现在文章中，便是抒发忧国情怀，爱用生僻古字，以至同级同学称他为"Chinese etymologist"。这些文言文表明徐志摩所受传统文化和传统思想影响之深，青少年时期所受的严格的国学教育，无疑构成了徐志摩思想发展和艺术素养的底色。

From Volume 4 No.1 March to No.4 Volume 4 December in 1916, as the main Chinese language writer in "The Voice Club", Hsu had published 11 classical articles in "The Voice" in name of "Hsu Chih-mo" and "Hsu Zhang Hsu", including "Fisher and Woodcutter", "Words of Vegetable Seller", "Farewell to President Wei", "On The Greed Dying for Money and Martyrs Dying for Fame", "Words of Campaigner". These priceless articles are the only available early works of Hsu in college. It can be clearly seen that even before the age of 20, Hsu has laid a solid classical foundation, which is prominent among peers. Hsu and his classmate in high school Yu Dafu are both talents as precious as jades. Hsu worked hard on "Songs of the Chu", "On Words" and other classics, which are showed in his articles that express the feelings of concerns and love for the country and often have ancient Chinese characters. His fellow students referred to him as "Chinese etymologist". These articles indicate that Hsu are influenced deeply by traditional culture. The strict education of traditional Chinese culture in adolescence undoubtedly constitutes the background of Hsu's development of literature and mind.

对徐志摩早期思想的形成和演变，以往的研究者往往注重考察他的留学美国和英国的经历，注重梳理英美文化对他的影响，这自然不无道理。但对他出国前的生活轨迹和成长过程，却长期未能给予应有的重视和探讨，其原因之一，就是可靠史料的缺乏。徐志摩在沪江大学求学印迹的发现，这11篇文言文，再加年级介绍里对这位才华横溢的级长的评述等等，为还原真实的青年徐志摩的形象，提供了宝贵的第一手资料。

On the formation and evolution of Hsu's early ideas, researchers tend to focus on his study experience in the United States and the United Kingdom, discussing the influence of Anglo-American culture, which is not unreasonable. But Hsu's life before leaving China has long failed to draw due attention and discussion. One of the reasons is that there is no sufficient reliable historical data. The 11 articles, plus the description for the talented President in introduction to the class have provided valuable first-hand information to restore the true image of young Hsu Chih-mo.

近年来，随着市场经济大潮和娱乐文化的兴起，徐志摩也成为出版界和影视界消费的对象，一度大红大紫。他们出于牟利的目的，竞相炒作徐志摩的感情生活，徐志摩逐渐被涂抹成“情种”和“风流才子”的公共形象而被定格。除了几首耳熟能详的新诗以及几段情史，不少读者已不太关注诗人徐志摩在思想和诗艺上的可贵追求。徐志摩沪江大学时期史料的出土，也将大有助于全面完整地展示徐志摩精彩而短暂的一生，纠正其被扭曲的公共形象。

In recent years, with the tide of commodity economy and the rise of entertainment culture, Hsu has become object of consumption of the publishing industry and the film and television industry. Out of interests, they mainly focus on Hsu's emotional life; gradually establish a fixed public image of "Don Juan" for Hsu. Except for few famous poetry and several stories of romance, many readers have been less concerned about the poet Hsu Chih-mo in aspect of his valuable pursuit for literature and poetry. The historical data of Hsu in University of Shanghai will contribute significantly to a full and complete image of Hsu's exciting and short life, to correct his distorted public image.

因此，我对上海理工大学档案馆卓有成效的发掘和考证工作表示欣赏，并写下上述这些话以为推荐。我认为，所有徐志摩爱好者和研究者都应该重视这部《1916：徐志摩在沪江大学》。

是为序。

Therefore, I am appreciated to the fruitful research work of Archives of University of Shanghai for Science and Technology and wrote these words above for recommendation. I think that all people fond of Hsu Chih-mo and researchers on him should pay attention to this book "1916: Hsu Chih-mo at University of Shanghai".

This is why the preface is composed.

2013年3月1日于海上
梅川书舍

March 1, 2013 at Meichuan Study, Shanghai

（施 祥 译）

目　录

下编 徐志摩《天籁》文萃

附 录

上　编

徐志摩就读时的沪江大学

一、校园风貌

1. 校园的初步形成

1905年11月2日，刚组建不久的上海浸会大学堂董事会的10名董事经过实地踏勘，在备选的四幅地块中选定并购入了公共租界界端外1英里黄浦江边的一块芦苇丛生的滩地（165.5亩）作为未来大学的校园。到1916年，经过十年的苦心经营，沪江大学的校园已初具规模。

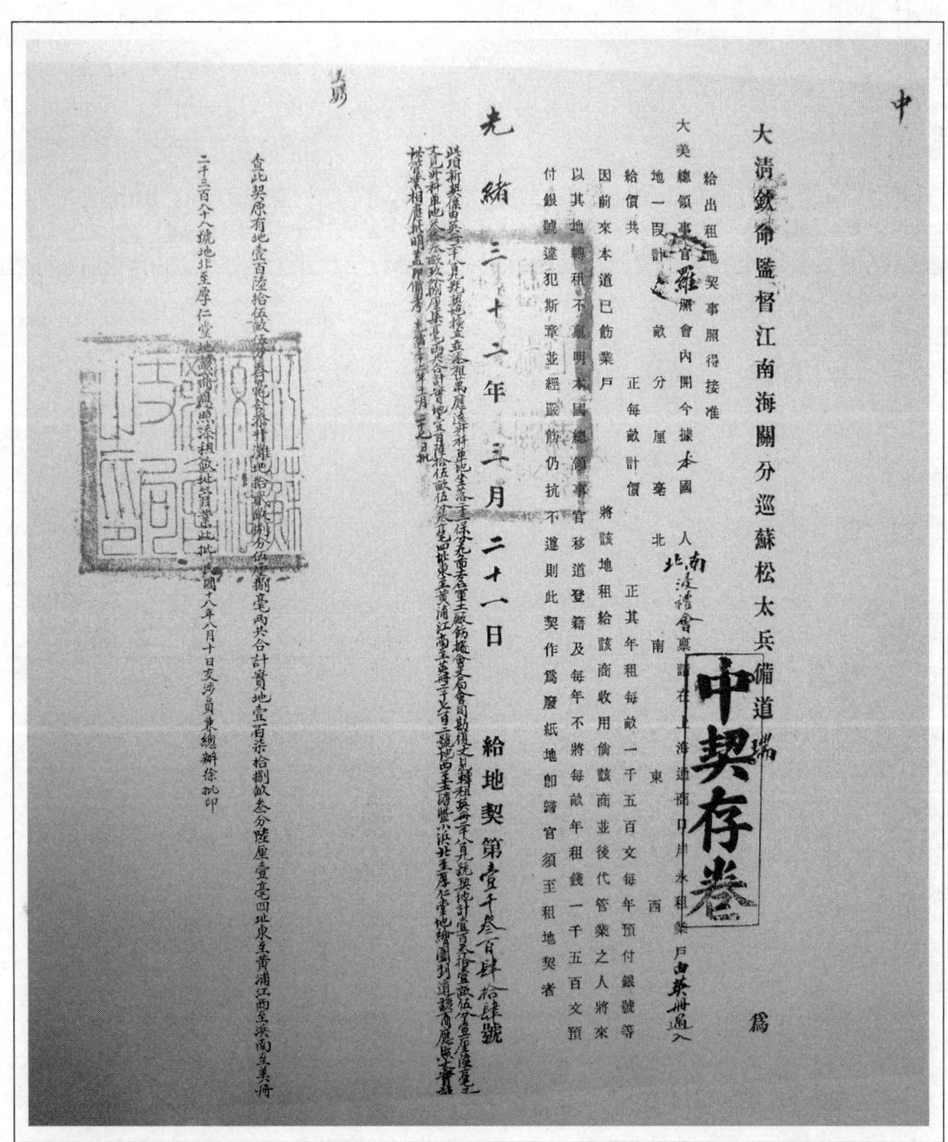

中

大清欽命監督江南海關分巡蘇松太兵備道瑞　爲

給出租地契事照得接准

大美總領事官羅　照會內開今據本國人南浸禮會稟請在上海道治口岸永租業戶由　冊過入

地一段計　畝　分　厘　毫　北　南　東　西

給價共　正每畝計價　正其年租每畝一千五百文每年預付銀號等

因前來本道已飭業戶　將該地租給該商收用倘該商並後代管業之人將來

以其地轉租不華明本國總領事官移道登籍及每年不將每畝年租錢一千五百文預

付銀號違犯斯章並經嚴飭仍抗不遵則此契作爲廢紙地即歸官須至租地契者

中契存卷

光緒三十二年三月二十一日　給地契第壹千叁百肆拾肆號

1906年核准的道契

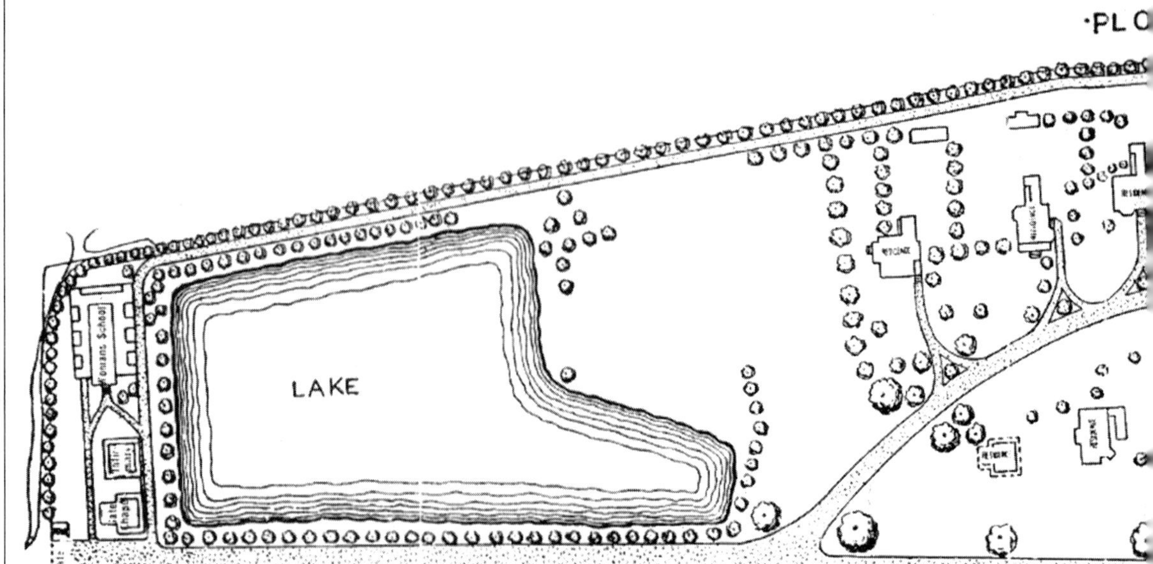

校园平面图

2. 校园平面图介绍

这是沪江大学1916年时的校园平面图。当时的校园占地还只是后来全盛时期的沪江校园的一半左右，即今天湛恩大道以北部分。1918年，沪江董事会得到美国密苏里州的索斯沃思博士（Dr. James W. Southworth）捐赠的全部遗产近四万美元，购入今天军工路校区湛恩大道以南的约125亩土地用作运动场地，使校园面积扩大了近一倍。

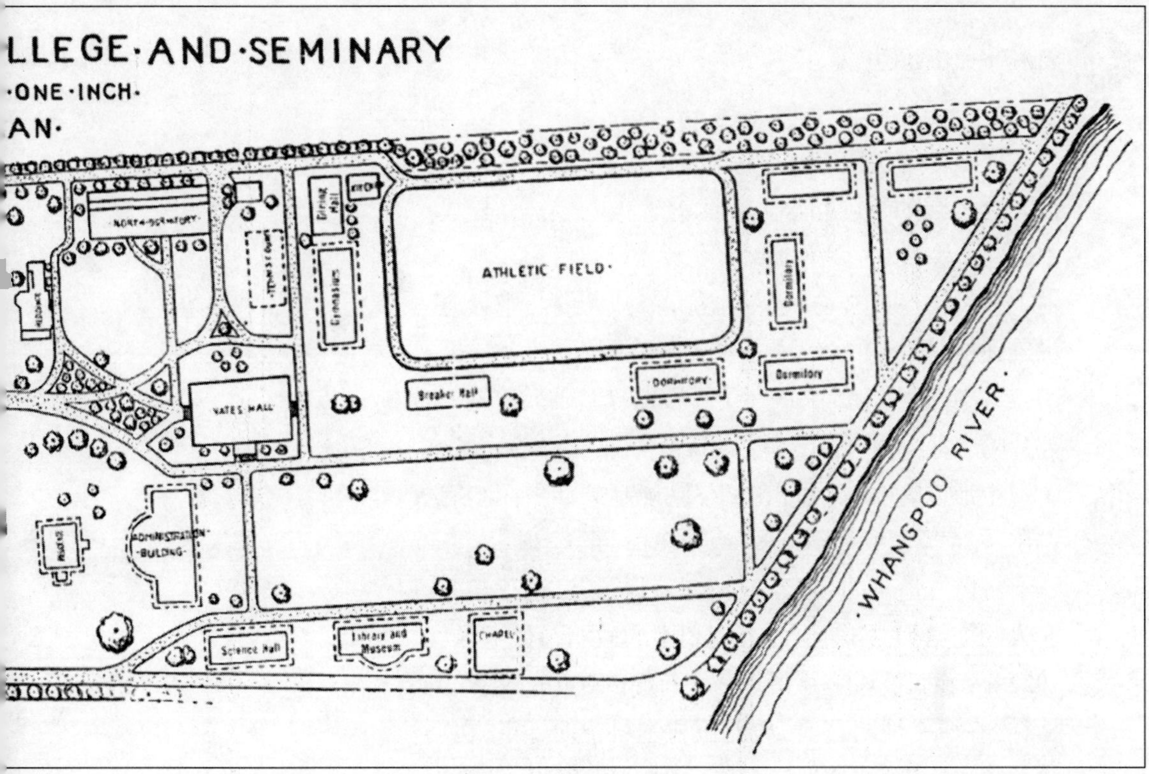

LLEGE·AND·SEMINARY
·ONE·INCH·
AN·

NORTH DORMITORY
TENNIS COURT
Dining Hall
Gymnasium
ATHLETIC FIELD·
Dormitory
DORMITORY
Dormitory
Breaker Hall
YATES HALL
ADMINISTRATION BUILDING
Science Hall
Library and Museum
CHAPEL
·WHANGPOO RIVER·

仔细审读这幅近100年前的校园平面图，可以发现当时校园的布局与今天相比有较大的差异。最显眼的当是校门左近的池塘。

在校园建设之初，当海水涨潮时，黄浦江水会淹没绝大部分的校园。因此，沪江大学不光要为她的楼房打基础，还要为她的每一英尺校园打基础。于是一部分的土地被用来挖土，以垫高其余部分的校园。这个取土形成的池塘，面积不小，既能起到涵蓄潮水的作用，无意间也成为不可多得的校内一景。

可惜的是，在1919年的校园规划图上，这片漂亮迷人的池塘消失了，变成了规划中的教职员住宅区。1922年，池塘被填平并留下一则有趣的“鱼的故事”。据称，在填平池塘之前，校方授权理科主任郑章成卖掉池塘里的鱼。塘里确实有鱼，但不知道具体数量。郑章成便像亚伯拉罕·林肯买卖没有见过的马匹那样，以300元的价格把鱼卖给了周围的一群乡民。这些人用水车抽干了水，鱼便被困在塘中的深洞里。师生们经常站在塘边看他们捉鱼，有一个人捉到一条鱼，体长足以从他的脚延伸到他的肩膀。捉鱼结束，乡民还送给学校一批鱼，足以让全校师生饱餐一顿。

1916年毕业的沪江学生陈子初曾作《沪江大学记》一文，详细记述当年的校园布局和景观，重点描述了池塘景色和主要建筑。

校左近军工厂，水师驻焉，而岁造江艇，故登登声时作。循厂而北至校，入门辟大道，右植杨树数十枝，道左有方池。盖因地滨黄浦，江潮时至，故于建筑之初，特凿之。水晴碧泛然，畜鱼甚多，而野鹜沉浮其间，上下自得，致足乐也。

池之西为学道院生家居所。沿池东行百余步，道分二。其一直达浦滨，其一曲折向东北至思晏堂。教员住宅凡四幢，悉在此道之左，旁有草地，浓绿一色，柔平如翦。

思晏堂面南背北，高凡四层。其前有台，以思晏堂三字缀其上。堂之下层，中设会客厅。厅置玻柜六，

消失的池塘景色之一

凡动植之标本，各省之天产，以及钟鼎古画，悉罗而致之，不啻一小博物院。第二层有藏书楼，所藏中西文学格致等参考书，不下千余册。暇辄浏览其间，读古人书而知学识之浅薄，阅格致书而觉吾身之渺小。藏书楼固大有助于学生也。又有礼堂一，可容三百人。室敞以广、静而严，壁悬名人画像五六；匾一，上题“教思无穷”四大字，系客岁毕业生所赠者；琴二，抚之，铿然有声。一二层除礼堂、藏书楼、客厅外，余悉为教室。三四层为斋房。

思晏堂之背，有屋一楹，为正科生寝室。前有冬青，列植而交阴。小鸟时来，飞鸣自若，明月半墙，树影斑驳，风移影动，珊珊可爱。无车马之喧阗，与尘客之嘈杂，以之供读书之所最宜。其东有饭厅，上层可容三四十席，下层清而洁，盥漱沐浴之所在也。

思晏堂之东，为新筑之思裴堂，式与思晏堂同而略小。登最高之层而东望，则浦东之景，尽在目前。对日而呼吸，心神为之一清。

再东则钟楼，高丈余，钟声噌吰，达数里外。

楼之北为运动场，周约半里，为全校学子运动所。场北植松柏，相间成行，洋花数十百本，繁蕤翳生，相间成色。

楼之北不五十步即黄浦，风帆浪舶，以及铁甲巨舰之出入吴淞口者，必经此道。每朝潮汐之时，波浪汹涌，而大声发于水上。故滨水之处，遍植杨树，并砌石以弱之。

消失的池塘景色之二

1916年校园全景图

3. 早期建筑介绍

对照1916年时的校园平面图，当时学校的主要建筑为北堂、思晏堂（1908年落成）、东堂（1909年落成）、思裴堂（1915年落成）以及钟楼、密氏校门（1916年落成）与四幢外国教员宿舍。这些建筑，陈子初都提到了。此外，还有1916年成功募得资金后开始修建的麦氏医院（1917年落成）和体育馆（1918年落成）。

主要建筑近景

北堂，North Dormitory,1907年落成，是校园中建成最早的建筑，今已不存。据魏馥兰记载，老北堂为两层楼房，建成后最初是神学院临时所在，思晏堂落成启用后成为正科生寝室。1915年4月《天籁》记载了北堂遭窃的情形：

"梁上君子两次拜谒" 本校去市绝远，呼应不灵。三月七号，有小窃来此，同学邓君，失衣箱子一。方谓一之为甚矣，而不意本月十一日有第二次之发见。是夜一时后，风轻月黑，万籁俱寂，忽大声起二层楼寄宿舍中。初疑火警，继始悉梁上君子第二次来谒。一时人声鼎沸，灯烛辉煌。然虽四处搜寻，只见黑雾迷漫，君子已杳，已无踪迹处。此次被窃者，为同学邬君，亦失衣箱子一。计君子来此两次，损失可二三百元。虽非绝大，然同学等已风声鹤唳，蛇影杯弓，大有八公山草木皆兵之慨矣。

北堂

思晏堂，Yates Hall，是沪江大学第一座综合性大建筑，1908年末落成，1909年2月10日启用。堂名思晏，以纪念美国浸会来华传道的开拓者晏马太博士（Dr. Matthew T. Yates）。1908年1月21日，由美南浸信会主席和美国南北浸会第一届联席会议主席斯蒂芬斯（E.W. Stephens）主持思晏堂奠基礼。美国总领事田贝（Charles Denby）和上海道台出席观礼。晏马太之女西门夫人捐款6 000元供堂内装修之用。

思晏堂启用后一直是沪江大学的教学、行政中枢，一二层设图书馆、邮务处、庶务处、教务处、正副校长室及可容300人的教堂，其他为课室（18间），三四层为学生宿舍。

1915年4月《天籁》第3卷第2号中提及思晏堂：

旧厦扩充　思晏堂三四层楼，向为大学堂宿舍，自思裴堂落成之后，学生一律住新厦及北寄宿舍中，三层楼改格致教室，四层楼为安置杂件之用。地方宏敞，空气清新，大非昔比矣。

阅报室推广　本校阅报室，向在思晏堂二层楼，房只一间，颇嫌湫小。自本学期起，迁移至第一层东北两号教室中，书籍加多，报章添备。藏书楼主持马东山诗翁，又勤敏异常。故识者以阅报室今昔之比较，大有天壤之不同云。

当时学校的重要活动都是在思晏堂进行的，郑章成、陈中凡、吴经熊、徐志摩等都在思晏堂留下过刻苦读书的身影。一直到科学馆和图书馆分别于1921年和1928年建成，思晏堂的功能才逐渐变得单一起来。

思晏堂

东堂，East Hall，或the Dining Hall, 1909年落成。初为两层建筑，楼上为饭厅，楼下为盥洗室。该建筑至今犹存，只是顶上加了一层，现为三层。

东堂

梅尔堂，或称思马堂，Eleanor Mare Hall, 1913年落成，由美国马尔（Eleanor Mare）女士捐资建造，位于麦氏医院之北，今无存。1913年7月《天籁》第1卷第4号记载，学校西侧正在修建一栋新楼，供神学院女生使用。（A new building for the seminary women is under construction on the west part of our college campus.）1915年的《沪江大学章程》收入了该建筑照片，并注为"Missouri Women's Building"。这是一幢供华人教师和已婚神学院学生居住的宿舍，里面还有供这些学生的妻子上课的教室。陈子初称之为"学道院生家居所"。梅佩礼称其为"Missouri Hall for the married Seminary men"。

梅尔堂

The seminary students and their wives are occupying the new building erected especially for them on the northwest end of our College grounds. The dormitory formerly used for the Seminary students is now occupied by members of the upper college classes, who draw for their rooms on the first day of the term.

——*Voice, Vol. 2, No. 1, November 1913*

思裴堂，Breaker Hall,1915年落成，建筑费0.94万美元，为美国密苏里州浸会所捐赠。1914年12月《天籁》第3卷第1号中提及思裴堂：

本校新筑校舍（学生寝室），于暑假中开工，岁杪可望竣工。行安础石礼之日，来宾颇盛。郇挺生及柏高德君，均有演说词。而柏君论欧战与中国兴学之关系，尤亲切有味。

1915年4月《天籁》第3卷第2号中提及思裴堂：

新屋落成　新寄宿舍思裴堂。为美国密州浸会醵金所造。去年下学期开工，今始告竣。高四层，长与思晏堂埒，惟较窄耳。有宿舍三十六号，每号容学生二人。课堂六，在第一层。目下课堂为道科独用，而宿舍则大学暨道科生兼用云。

1916年5月《天籁》第4卷第1号中提及思裴堂：

新旧联交　三月四日，旧同学开交谊会于思裴堂一号，欢迎新生，藉订交谊。一时诙谐纷投，丝竹杂陈，并出果饵相饷。至十时，始尽欢而散。

思裴堂

钟楼，Coles Bell Tower,1912年落成，位置在思裴堂东南方，今无存。1912年6月《天籁》第1卷第1号记载，纽约的医学博士J. Ackerman Coles捐助了一口价值180元的大学校钟和用以建造钟楼的足够的资金。当年11月的《天籁》第1卷第2号中称，从美国运来的一座新的大钟已经抵达，钟塔正在建造之中。

钟楼

密氏校门，Millard Memorial Gate,1916年落成，为纪念因尿崩症而英年早逝的米拉德（W. Harold Millard）教授而建。魏馥兰说过，米拉德或许是沪江大学历史上最能干和最优秀的人，从1908年9月10日到1909年3月9日，他一直居住在校园里，死时只有32岁。他是一个新英格兰人，毕业于哈佛大学和牛顿大学。他非常有才气，头脑中经常蹦出各种各样的好点子，言谈举止充满机智幽默。他也是华东浸会历史上最有学识的学者和最优秀的传教士之一。

密氏校门

A new gate in memory of the late Professor Harold William Millard of the Seminary is being erected at the main entrance to the College grounds.

——*Voice, Vol.4. No.1. March 1916*

The Millard Memorial Gate and Gate-house have been completed. On May 30th, Memorial Day, the Gate was formally dedicated, the chief address being made by President White who was Mr. Millard's best friend in China.

——*Voice, Vol.4, No.3, November 1916*

麦氏医院，McLeish Infirmary,1917年落成，主要由美国芝加哥的麦克来氏（McLeish）捐助。该建筑位于校门附近，今保存完好。

麦氏医院于1917年5月11日建成开业，又名普济医院，系沪江大学医院，同时兼为沪江大学附近乡民诊治。1916年11月《天籁报》第4卷第3号《沪江春秋》中徐志摩作了记载：“医院　本校谋建医院，济穷利众。美国善士捐来五千元，又向校友筹措千元。现既勾工从事，今冬可以落成。主院事者，雷医生也。”可知当时医院的建筑费中，也有中国籍师生所捐的一千多元，并且捐款名单也由作为《天籁》第4卷第3号汉文书记的徐志摩记录并作了披露。

麦氏医院

体育馆，Haskell Gymnasium，1918年落成，该馆共费1.81万美元，由美国波士顿城赫斯格大佐（Coloned. E.H. Haskell）独立捐造。1916年3月《天籁》第4卷第1号中提及体育馆：

解囊慨助　本校董事于有朋博士，于去冬返国，向彼邦人士捐集巨款，以备本校建筑之需。开学日，得闻博士已于赫斯格大佐处，捐得金洋一万元（合银元二万三千枚）为建设体育馆之费。是晚，校中举行焰火礼，以颂大佐盛德，用志勿谖。

1916年12月《天籁》第4卷第4号称：

建造广厦　本校体育馆建筑费，为美人赫斯格大佐一人解囊慨助。现正测地绘图，即拟鸠工兴造。沪上各校之有体育馆，自本校始。

体育馆

The site for the Colonel Haskell Gymnasium has been determined. It is on the three tennis courts situated between the Dining Hall and Yates and Breaker. The building is to be completed at the end of next year.

——*Voice, Vol.4, No.4, December 1916*

捐献者介绍

The first one of these friends in need was Col. E. H. Haskell of Boston who in 1916 gave the funds to erect the gymnasium for men. This will always be one of the most beautiful and useful buildings on the campus. Before his passing Col. Haskell made the University one of his residuary legatees so that at some time in the future a further sum will be added to the assets of the institution.

The largest givers to the equipment of the institution up to the present were Mr. and Mrs. M. C. Treat of Pasadena, California. Mr. Treat desired that his right hand should not know what his left hand did and so only a few knew before. his death how much he and Mrs. Treat had done for the University. Without their help the institution could never have risen to the front rank of Chinese Christian educational institutions.

Dr. James W. Southworth of Missouri, who never saw the College nor anyone connected with it, left his entire estate, a substantial sum of between thirty and forty thousand dollars, to the institution. With these funds were purchased the large athletic field known as South-worth Field.

Mr. Andrew McLeish of Chicago gave the Infirmary which is named for him. Dr. D. P. Harris of Evanston, Illinois, gave the initial sum for the erection of Evanston Hall and Mrs. M. Grant Edmands and her daughter of Pasadena, California, gave the first gifts toward the erection of Edmands Hall.

Mr. J. F. Seaman of Shanghai left half of the residue of his estate to Shanghai College. The fund which he created by this legacy known as the Seaman Fund has enabled the institution to accomplish many worthy objects which would otherwise have been impossible.

Many other givers of large and small amounts have had faith in the University in its work of preparing young men and women for the task of builders of a new China. The influence of these men and women will last long after the buildings they have erected have crumbled into dust.

——*F.J.White, Story of the University of Shanghai, 1935*

二、董事会、校长和中西教员

1. 校董事会(The Board of Trustees)成员

在沪江大学初期的具体运作中,学校董事会是主要的决策机构。它在美国两个差会总部及其在华差会的指导和监督下,负责制订学校的建设计划、办学政策、课程设置、经费预算和决算等。学校的教职员,包括校长、司库等,由它任命,中国教师的薪水也由它规定。

最初的10名董事是华东差会的于友朋(M. D. Eubank)、高雪山(J. R. Goddard)、米拉德(W. H. Millard)、柏高德和魏馥兰,华中差会的万应远、麦克里(T. F. McCrea)、麦嘉祺(C. G. McDaniel)、皮尔斯(L. W. Pierce)和戴佐施。由高雪山、万应远任正副会正,戴佐施任秘书。这一届董事会为沪江大学的创建倾注了大量心血。

1915年5月,为完成沪江大学在美注册,美国南北浸会本部组建了沪江大学在美董事会(后改称"设立人会" The Board of Founders),原在华的董事会英文名由The Board of Trustees改为The Board of Managers。根据1915年刊行的《沪江大学校章程》,当时的董事会成员为伊文士、于友朋、雷比义、乐灵生、慕珥、麦嘉祺、宋爱文、赖德懋、万应远、施德馥、倪鸿文、赵晋卿。会长由伊文士担任,秘书为韦雅谷。倪鸿文、赵晋卿为华人董事。

到了1916年,在华董事会成员又有了变动。刊行于1916年底的《沪江大学1917年年刊》记录了当时的董事会成员名单:

The Board of Managers

Rev. E. E. Jones, Chairman	*Ningpo.*
P. S. Evans, M.D.	*Nanking.*
Rev. A.Y. Napier	*Yangchow.*
Rev. Chas. G. McDaniel	*Soochow.*
Rev. R. T. Bryan, D.D.	*Shanghai.*
Rev. A. H. Page	*Swatow.*
Rev. J. V. Latimer	*Huchow.*
Rev. A. F. Ufford	*Shaohsing.*
Rev. Nvi Hong Wen	*Huchow.*
Mr. Dzao Ching Ching	*Shanghai.*
Mr. Wu Ting Seng	*Shanghai.*
Rev. W. E. Crocker	*Chinkiang.*
Pres. F. J. White, Ex-officio	*Shanghai.*
Vice-Pres. Tong Tsing En, Ex-officio	*Shanghai.*
Rev. C. L. Bromley, Secretary	*Shanghai.*

1903年西教士宁波年会摄影。照片中汇集了高雪山、于友朋、慕珥、赖德懋、柏高德、魏馥兰、米拉德等参与沪江大学创建的传教士及其家眷

会长宋爱文牧师(Rev. E. E. Jones),1903年携夫人来华传教,1918年回国。

伊文士博士(Philip S. Evans, M.D.),又译易文士,1901年携夫人来华传教,1900年创办扬州浸会医院。

雷比义牧师(Rev. A. Y. Napier),1904年来华传教。

麦嘉祺牧师(Rev. Chas. G. McDaniel),1902年受美南浸信会派遣携夫人来华传教。1906年在苏州创办浸会小学,1909年创办晏成中学(Yates Academy)并任校长。麦嘉祺也是沪江大学董事会的终生支持者和成员。

万应远博士(Rev. R. T. Bryan, D.D.,1855~1936),1886年携夫人来华传教,为南浸会华中差会在上海的负责人,1906~1911年曾任上海浸会道学书院院长。

彭维牧师(Rev. A. H. Page),1906年来华传教。

赖德懋牧师(Rev. J. V. Latimer),1904年携夫人来华传教,1922年回国。

邬福安牧师(Rev. A. F. Ufford),1908年携夫人来华传教,1948年回国。

倪鸿文牧师(Rev. Nvi Hong Wen,1867~1935),字啸云,浙江鄞县人,毕业于宁波浸会学道院,曾佐高雪山牧师译成宁波土音罗马字旧约圣经。

赵晋卿(Mr. Dzao Ching Ching,1882~1965),名锡恩,字晋卿,上海人,毕业于上海南洋公学。曾任中华慈幼协会和青年会会长,上海公共租界工部局华董,中国红十字会董事。1920年11月当选上海总商会会董。1928年当选上海总商会执行委员会主席委员。抗战爆发后,任上海市民福利协会副会长,仁济堂救济妇孺会、慈善团体联合会、医事事业委员会、广学会、青年会和基督教联合会会长、董事等职。

邬挺生(Mr. Wu Ting Seng,1877~1935),名卓然,字挺生,以字行,奉化西坞镇人,早年就读于上海中西书院。1902年被聘为英美烟公司上海分公司大班,后为买办。1917年在上海组建协和贸易公司,任总经理。1922年担任南洋兄弟烟草公司营业部经理及全国纸烟捐务总局总稽核。1932年创办许昌烟叶公司，任董事长兼总经理。曾参与筹建鄞奉公路，并发起成立奉化旅沪同乡会，任会长。

郭惟一牧师（Rev. W. E. Crocker），1899年来华传教，1919年去世。

2. 校行政人员

（1）校长　魏馥兰（Francis Johnstone White, M. A., D. D.）

沪江大学的首任校长是柏高德博士，但他于1907年夏感染了阿米巴痢疾，经久不愈。1910年秋病情加重，他遂于1911年1月5日任期将满时提出辞职。董事会选举神学院教授戴佐施为代理校长。5月底6月初，董事会决议将大学和神学院合并管理，选举魏馥兰博士为合并后的代校长。从1911年一直到1928年，魏馥兰担任校长期间，沪江大学逐步壮大起来，成为一所国内外知名的教会大学。

魏馥兰1870年出生于美国堪萨斯州，他毕业于渥太华大学，获理学学士和文学硕士学位，并于纽约州罗彻斯特神学院获神学学士学位。1913年渥太华大学授予神学博士学位。他于1901年携夫人来华，先后任宁波浸会学堂的校长和绍兴浸会圣经学校的教师。他作为大学董事会的成员参与了沪江大学的筹建，并于1907年入驻校园，成为第一个在校园内安家的美籍教授。

到1916年，已经是魏馥兰长校的第6个年头。随着学生数量的增加、教学设施和师资力量的逐步完备、大学社会服务和影响的扩大，魏馥兰校长因其卓越的人格和管理才能得到了各方面的认可。他已经成为学校的灵魂人物。

1916年6月《天籁》第4卷第2号中提及：

校长旋国　魏馥兰博士主持校事，五载以来，凡百振兴，成绩斐然，遐迩叹美，今已期满，例当返美一行。同人等久受熏陶，情谊攸深，不忍恝然，乃于五月十六开欢送大会，公赠金匾一方，及金钱一枚，并镌幽兰怀馨四字于上。又于翌日合摄一影，以表爱忱，藉留纪念。首涂之日，尚拟全体恭送云。

1916年5月19日《申报》载《沪江大学欢送校长》：

昨日（即星期二）沪江大学师生全体开会欢送校长魏馥兰君回国。魏君系美人，来华有年，任该校校长职凡五年，办学大有成效，为人亦极端方，教员学生无

欢送魏馥兰

Our President, Dr. F. J. White, is making a trip to the North for the purpose of visiting and investigating various schools and colleges.

——*Voice, Vol.4, No.1, March 1916*

On Monday evening, April 10th, our President, Dr. White, returned to the College, after a month's trip in the Northern part of China. He gave us an account of his travel on the 14th, in the Chapel.

We all regret that our President, Dr. White, and Mrs. White had to leave. To show our love and respect, we presented them a tablet and a gold cash. We wish them success in their work in America.

An unusually pleasant luncheon was given by Mr. and Mrs. White on Friday afternoon, May 14. All those present expressed their appreciation of a thoroughly good time.

——*Voice, Vol.4, No.2, June 1916*

不爱戴。此次回国，咸有依依不舍之情，特赠以礼物以表感情云。

1916年6月7日《申报》载《沪江大学欢送校长回国》：

杨树浦沪江大学自美国魏馥兰博士任正校长，暨宁波董景安君任副校长以来，校务蒸蒸日上。近因魏校长返国，校中教习学生等以博士学优识广、和蔼可亲，爱而敬之，乃由师生全体发起欢送会，赠送匾额一方，文曰幽兰怀馨，及金表上之金钱一枚，以志纪念。迨至前日下轮，特于上午十时全体师生排队恭送。学生并公推代表数人恭为执辔，以尽弟子之职。本拟送至南京路码头，因时间局促，乃送至电车站而返。返时空车，即以之欢迎新校长董景安君回校。至下午六时魏博士之渡船过校前，全体师生复排列江边，扬巾脱帽，燃放爆竹，以祝前途平安，并三呼魏校长万岁，沪江万岁云。

徐志摩曾作《送魏校长归国序》送行，发表于1916年11月《天籁》第4卷第3号。该期《沪江春秋》也出自徐志摩手笔，第一条便是"送别"："魏博士且归国，作送别会。学生曼歌，不胜恋恋。先生训之辞，其言谆谆宛挚。学生感喻奋作，复歌洋洋盈耳也。越十五日，先生首涂（途），举校送之，为之挽车，徐歌而行。诗曰，泰山岩岩，鲁邦所瞻，斯之谓矣。"

送别会举办于1916年5月16日，启程应是在6月初。据沪江大学理科主任梅佩礼记载，启程当日，"当魏馥兰离开住所时，一群学生护送着他至一辆装饰华丽的马车前，马车由18名学生拉着，其余学生跟在马车后面。学生们在炙热且满是灰尘的马路上护送校长排成纵队一路跋涉，一路欢唱足有一英里路远，直到魏馥兰校长作告别演说。当魏博士消失在码头后，学生们将新代理校长董景安推往之前魏馥兰校长乘坐的马车内，然后大家将他拉回校园内。"徐志摩应当也在送行学生之列。

（2）副校长及代校长　董景安（Tong Tsing En）

董景安，名翰谱，一名正鹄，字景安，号新三，1872年生，浙江鄞县人。8岁入宁波浸会传教士高雪山（J. R. Goddard）办的学堂，高雪山的夫人授以英语。18岁毕业后，任小学教师5年。1901年魏馥兰来华后在宁波创办浸会中学，聘董景安为副校长，兼授英文。1904年，随魏馥兰至绍兴浸会圣经学校任教。1905年他在乙巳科邑试得中秀才，是当时浸会华信徒中鲜见的有功名的人。1906年，董景安又随魏馥兰赴上海，成为刚创办的上海浸会神学院（租房于北四川路）第一位华人讲师。1907年携家眷随神学院

1916年沪江大学中西教员合影之一

On May 18, 1916, our Board of Managers held a meeting in the President's office to elect a man to hold the Presidency for a duration of one year in the absence of Dr. F. J. White, who was preparing to start for America. Our old Vice-President Mr. Tong Tsing En was appointed Acting-President and Prof. F. C. Mabee Acting Vice-President.

——*Voice, Vol.4, No.3, November 1916*

On the evening of June 5th, a meeting to welcome our Acting President and Acting Vice-President was held in the Chapel. Brief speeches of congratulation were rendered by the professors, and the representatives from the College and Seminary. During the meeting all students showed College spirit to a maximum degree.

——*Voice, Vol.4, No.3, November 1916*

迁入沪江校园北堂。1911年，董景安被选为沪江首位华人教授，在春季学期他协助魏馥兰平息了沪江历史上第一次学潮。1912年，魏馥兰校长聘董景安任华人副校长。1915年董景安建议大学中文名由“上海浸会大学堂”改为“沪江大学”，并倡议以“信义勤爱”为校训，得到校董会采纳。

由于共事多年，又相知甚深，魏馥兰长校之初对董景安颇多倚重。1916年5月，魏馥兰校长回国休假，董事会便任命董景安代行校长之职，梅佩礼为代副校长。由于董景安处事干练勤恳，待人温和，深受学生的爱戴。

1916年11月《天籁》第4卷第3号记载：

欢迎　博士既去，承其乏者。董景安先生，和易勤挚，众望是孚。乃举会以欢迎之。笑语骈臻，以殷以洽，既见君子，德音孔胶。

1916年6月11日《申报》载《沪江大学欢迎新校长》：

沪江大学全体师生于前晚开会欢迎新校长董景安君，七时齐集礼堂，由会长处秉荣君布告开会宗旨，次由中西教员及学生各代表马成军君雷盛休博士等相继演说，大概谓董君之学识德操久为社会与全校人士所敬仰，今因魏校长回国被选为代理校长，董君必将展其平生之抱负。大有裨益于吾校，吾侪实足为吾校前途贺，且中国教会设立之大学校从来无华人被选为校长者，有之自吾沪江始，此破天荒之创举实足以示外人信吾华人非皆无大才能成伟事业之人。而从前社会上误指教会学校为奴隶教育之流言，亦足以此一扫而空云云。次由董校长答词，略谓鄙人才力绵薄，深恐不克负此重任，尚望诸君匡予不逮。至于对于学生方面之精神则务取道德的感化主义，雅不欲以法律的观念参加其间。一时掌声如雷。祝祷散会后各学生复于空地上冒雨燃放爆竹以为庆贺。

（3）会计员　伊文士（Edward Evans, Jr., B.S.）

当时上海著名的伊文思图书公司[①]老板之子，多伦多大学学士，1913~1917年任算学科、格致科讲师，副教授。1916年时接替耆荷福任会计员。

（4）书记员　李佳思（Charles Lucas Bromley, M.A.）

1911年携夫人来华，隶美北浸礼会华东差会。文学士、神学士，1914~1919年任新约教授。1916年时接替梅佩礼任书记员。

---

① 伊文思图书公司由英商伊文思创办。伊文思，1889年来华，在上海传教，约于次年在虹口北四川路30号（海宁路口）创设伊文士图书公司，后迁九江路200号，是一家主要经售欧美图书杂志的外文专业书店。早期专营西文原版教科书，供各教会学校使用，以后增销原版世界名著并进口外文期刊杂志、仪器文具等。

3. 中西教员

根据1915年《沪江大学校章程》，当时的全部课程分属8个科目，各科目及教员情况如下：

国文科（*Chinese Language and Literature*），教员有林朝翰、张立民、王风人等；

英文科（*English Language and Literature*），教员有汪宗海（Charles Hart Westbrook）、葛学溥（Daniel Harrison Kulp, II）、陶尔女士（Miss L. J. Dahl）、白德茂（Thomas C. Britton）等。

理化科（Natural Science），教员有梅佩礼（Frederick Carleton Mabee）、于寿椿、冯显章等。

算学科（Mathematics），教员有伊文士（Edward Evans, Jr.）、鲍哲庆、严其富等。

史学科（History and Political Economy），教员有韩森（Victor Hanson）、邬志坚、张立民等。

社会学科（Social Science），教员为葛学溥（Daniel Harrison Kulp, II）。

哲学科（Philosophy），教员有魏馥兰（Francis Johnstone White）等。

道学科（The Bible），教员有耆荷福（Ernest Kelhofer）、邬志坚等。

此外，还有一非正式科目，即体育科（Physical Training），由葛学溥任主理员（Supervisor），耆荷福、白德茂与伊文士任助理。耆荷福曾是网球健将。

1916年3月《天籁》第4卷第1号《沪江春秋》载："选科特设　本校自今岁起，设置选科（一）化学为梅佩礼先生担任，（二）物理为伊文士先生担任，（三）历史为海纳森先生担任。大学三四年生，可任择一科，以期造就专门人材。异日分科之制，其将基于此欤？"海纳森即韩森。

1916年8月15日《申报》载《沪江大学实行分科制》：

杨树浦沪江大学自魏馥兰博士、董景安君任校长以来，校务蒸蒸日上，先后毕业廿余人，或出洋，或入政界，或充教员。以开办十年之学校而有此斐然之成绩，实不易多觏。唯其性质只为文学科，殊不足以造就专门人材以供中国今日之需用。该校校长、董事部及美国浸礼差会等有鉴于此，特于今年起实行分科制度。先分四科：（一）教育与文学科。专为造就教授中学校之英文文学教员及专求欧美文学者而设，由文学兼教育学硕士汪宗海及耆荷福学士等教授之；（二）社会学科。此科专为四种人士而设，（甲）入政界者（乙）入商界者（丙）教授此学者（丁）热心社会事业，谋从事于社会之建设改革者。此科内容甚广，凡政治法律宗教历史哲学经济等皆含之。特请由美国勃朗大学社会学硕士葛学溥主任教授，毕业生严恩椿等副之；（三）格致科。内有化学物理卫生生理生物天文地质算术等八科，专为造就中学校之格致教员，及继续研究专门学术者而设，由美国哈佛大学格致硕士梅佩礼、英国医学博士雷盛休及大学士伊文士、杨景

中西教员合影之二，摄于1916年5月26日

May 26. A picture of the Chinese and Foreign Faculty, wearing caps and gowns, is taken.

——*Liber Shanghainensis,1917*

时、缪秋笙等教授;(四)神学科。由道学博士魏馥兰、硕士勃朗来、大学士耆荷福等主教。此科专为研究基督教真理从事教会青年会而设。凡读毕大学科一年级后皆得自由选择一科,以期学有所专,毕业以供社会需用,并受大学士学位以资鼓励。凡向校该索阅此项章程者须附邮票二角云。

8月23日,《兴华报》也刊登了此消息。

分科制的确立标志着沪江大学由教会博雅教育转向适应学生个人专长和接轨社会就业需求的专业化教育。分科制的教育理念代表了当时高等教育发展的趋势。

沪江大学中西教员简介如下:

魏馥兰, Francis Johnstone White, *Professor of Philosophy and religion*

美国渥太华大学、罗彻斯特神学院、芝加哥大学文学士、硕士、神学博士,历史和哲学教授。

董景安,副校长,*Professor of Church History and Biblical Interpretation*

圣经教授。

戴佐施, Ezra Francis Tatum, *Professor of Biblical Interpretation*

威克森林学院、南浸会神学院文学士,1888年来华。1909~1918年任神学院圣经教授。1911年春代校长。

梅佩礼, Frederick Carleton Mabee, *Professor of Natural Science*

多伦多大学学士,1910年受美国浸礼会海外差会派遣携夫人来沪执教格致部。1910~1925年任理化科、格致科教授。

韦雅谷, James Benjamin Webster, *Professor of New Testament Interpretation and Religious Education*

里士满大学文学士、克罗泽神学院神学士、哈特弗德教育学院博士,1913~1925年任新约和宗教教育教授。

汪宗海，Charles Hart Westbrook, *Professor of English Language and Literature*

麦瑟大学文学士、哈佛大学硕士、哥伦比亚大学教育学院博士，1912年携夫人来华，任英文科教授。1921~1927年任教务长。

葛学溥，Daniel Harrison Kulp, II, *Professor of Social Science*

布朗大学文学硕士。1912年携夫人来华。1913~1923年任英文科、社会学科教授。

耆荷福，Ernest Kelhofer, *Assistant Professor of Bible and German*

西北大学文学士、芝加哥大学硕士，1904年携夫人来华。1910年起任道学兼德文科教授。

李佳思，Charles Lucas Bromley, *Professor of New Testament Interpretation*

1911年携夫人来华，隶美北浸礼会华东差会。文学士、神学士，1914~1919年任新约教授。

韩　森，Victor Hanson, *Professor of History and Economic*

布埃那学院文学士，芝加哥大学硕士，1914年携夫人来华，先在南京学习一年汉语。1915年起任史学兼计学科教授。1923~1924年任代校长。

伊文士，Edward Evans, Jr., *Assistant Professor of Mathematics*

多伦多大学学士，1913~1917年任算学科讲师，副教授。

1917年，与应征的华工一起赴法。

雷盛休,George Arthur Huntley, *Professor of Physiology and Hygience*

弗尔蒙大学、纽约大学、哈佛大学医学博士,1915~1924年任校医兼生理卫生教授。

他受美国浸礼会海外差会派遣,于1897年携夫人来华。在汉阳浸会工作多年后,于1915年被沪江聘为校医兼生理卫生教授(*Professor of Physiology and Hygience*)。雷盛休夫人是一位专业护士。他们在沪江一直工作到1924年退休回国。

海波士,John Burder Hipps, *Professor of New Testament Interpretation*

威克森林学院文学士、南浸会神学院神学硕士,哥伦比亚大学硕士。1913年由美南浸信会海外差会派遣来华,1915年起任圣经教授,1923年任神学院院长。

迪　克,Miss Florence Estelle Dick, *Instructor in English*

1916~1918年任英文科讲师。

潘子放,江苏句容人,秀才,1906~1917年任国文兼道学科讲师(*Instructor in Chinese Literature and Homiletics*)。

杨景时,Yang Chen Sze,东吴大学文理学士,*Instructor in Natural Science*

1916~1917年任理化科、格致科讲师。

缪秋笙,宁波人,沪江大学文学士(1916届),1916~1919年任理化科、格致科讲师(*Instructor in Natural Science*)。

吴东初,Wu Tong Choh,金陵大学文学士,1916~1918年任英文科讲师(*Instructor in English*)。

马承钧,扬州人,沪江大学文学士(1915届),1916~1917年任国文兼史学科讲师(*Instructor in Chinese Literature and History*)。

严恩椿,上海人,沪江大学文学士(1916届),1916~1917年任国文科讲师(*Instructor in Chinese Literature*)。

林朝翰，拔贡，1910~1925年任国文科讲师（*Instructor in Chinese Language and Literature*）

张立民，秀才，1913~1918年任国文兼史学科讲师（*Instructor in Chinese Language and Literature*）。

王风人，江苏江都人，1913~1916年任国文科讲师（*Instructor in Chinese Language and Literature*）。

梅佩礼，Fred Carleton Mabee，博物科主理员（*Curator of the Museum*）。

葛学溥，Daniel Harrison Kulp, II，运动会主理员（*Supervisor of Athletics*）。

雷盛休，Dr. G. A. Huntley，校医（*College Physician*）。

韩　森，Victor Hanson，藏书室主理员（*Librarian*）。

陶尔女士，Miss L. J. Dahl，校长秘书（*Office Secretary*）

1912年由美国浸礼会海外女差会派来上海，任校长秘书，她在这个职位上一直工作到1928年魏馥兰辞去校长职务。

潘尚义，Pun Seng Ih，藏书室办事员（*Chief Assistant Librarian*）

潘尚义（音）曾就读于沪江与武昌文华大学。1916年担任图书管理员。

邬禹友，Wu Yu Yiu，华文秘书（*Chinese Office Secretary*），宁波西坞人

沪江1918届毕业生，当时就读正科二年级。

陈禹平，Chen Yu Ping，助理行政秘书（*Assistant Office Secretary*）

沪江大学文学士，沪江1918届毕业生，当时就读正科二年级。1917~1920年任神学院讲师。

三、早期学制与在校学生

沪江大学的早期学制，在1918年前，设四年制中学（称预科）和四年制大学本科（称正科）。徐志摩就读期间，沪江大学与当时其他的教会大学一样实行通识课程设置，没有文理、系科的区别，也不分专业，所有学生都用同一套课程表，只有少量的选修课。学生按年级组织，每一级设立级会，有自选的委员和级长。

預科課程簡表

班次／科目	國文	算學	格致	史學	聖道	英文
第一年	五經節讀 中學國文讀本 作策論 國語	數學	地文學	中國史	基督比喻	文法 讀本 作論
每週時間	八小時	三小時	三小時	三小時	二小時	六小時
第二年	五經節讀 中學國文讀本 作策論 國語	初等代數	生理學 植物學	中國史	馬可福音 路加福音	文法 讀本 作論
每週時間	八小時	三小時	三小時	三小時	二小時	六小時
第三年	五經節讀 中學國文讀本 作策論 國語	高等代數 平面幾何	物理	中國史	舊約史記	文法 讀本 作論
每週時間	八小時	三小時	三小時	三小時	二小時	六小時
第四年	五經節讀 中學國文讀本 作策論 國語	立體幾何	化學	萬國通史	使徒言行傳	文法 讀本 作論
每週時間	八小時	三小時	三小時	三小時	二小時	六小時

正科課程簡表

（正科內除國文科外所有科學均用英文課本）

科目＼班次	第一年	第二年	第三年	第四年
國文	經學節讀 選讀名家論說 作策論雜著	經學節讀 選讀名家論說 作策論雜著	學術史 選讀名家論說 作策論雜著	學術史 選讀名家論說 作策論雜著
每週時間	七小時	七小時	七小時	七小時
算學	平面三角 圓面三角	測量、天學	分晰幾何	微分積分
每週時間	三小時	三小時	三小時	三小時
英文	文法 文辭法程 讀本 作論	文辭法程 讀本 作論	泰西文學史 色司比耳 名家著作 作論	泰西文學史 名家著作 色司比耳 作論
每週時間	七小時	八小時	七小時	七小時
格致 政學	化學	生物學	高等物理 理財 法政	工藝化學 萬國公法
每週時間	三小時	三小時	三小時	三小時
史學 理學	英國史	美國史	名學 性理學	是非學 教授法 社會學
每週時間	三小時	三小時	三小時	二小時
聖道 哲學	耶穌言行傳	使徒史畧	使徒書信	基督教證據 哲學史
每週時間	二小時	二小時	二小時	二小時

1916年1月22日，沪江大学举行第四次毕业典礼，当时的《申报》披露了毕业生名单。

1916届大学毕业生：顾振亚、严恩椿、姚传法、严圣才、陈元龙、缪秋笙、陈子初、樊正康、凌永泉、钱嘉集、严其华、周维新。

1916届道学院特科毕业生：鲍哲卿、沈人和、严其富。

1916届道学院正科毕业生：缪彼得、刘邦瑞、陈显钧。

1916届毕业生合影

Class of 1917

HU YUNG CHI	胡诒骐（President）
YU PING YONG	虞秉荣（Vice-President）
CHIH CHING CHING	戚正成（Secretary）
TANG NING KONG	唐宁康（Treasurer）
LOH LING SU	陆麟书
LIU I NIEN	刘颐年

1917届毕业生合影

Class of 1918	
CHEN LIEN SENG	郑连生
CHEN YU PING	陈禹平
CHIEN TSEN YA	钱振亚
IH TS YU	叶子渔
ING YUEN DAO	应元道（Secretary）
LAE TSU KWANG	赖祖光
LING TSAO TANG	林兆棠
SING VEN HONG	沈文鸿（Treasurer）
TONG CHIN LANG	董承琅（President）
WOO HWA TANG	邬华堂
WU KWANG PAI	吴光培（Vice-President）
WOO YU YIU	邬禹友

1918届正科生合影

Class of 1919	
CHEN SHU TSAH	郑世察
CHEN TSIH ENG	陈吉恒
CHIEN CHUNG PONG	钱崇滂（Secretary）
CHU POH CHUEN	朱博泉（President）
FU NGAW	傅岩
HSIAO NYOEN ENG	萧元恩
KUANG SENG	江声
LING HWA CHING	林化诚
SUNG KWAY SUNG	孙关生（Treasurer）
TAI KWEI IH	戴贯一
WU CHING ZUNG	胡景澄（Vice-President）

1919届正科生合影

Class of 1920

CHOW ZU HUNG	周汝衍
FAN KWANG YUNG	范光荣
FONG TONG YUEN	方同源
HONG CHIA SHU	洪家秀（Vice-President）
ING PAO MING	尹宝明
LEE SU HAI	李世海
LIU TSHI ING	刘子影
ONG CHI KONG	翁纪康
TONG CHEN YU	董承玙（Treasurer）
TSANG Z TSONG	张仕章（Secretary）
TSENG FONG HUNG	郑方珩
WONG BUN	黄　鹏
WOO CHING YUNG	吴经熊
ZEE TSONG ZU	徐章垿（President）
ZEE MING MEO	徐民谋

1920届正科生合影

Class Roll, 1921

YU CHI TSING	尤济清
TONG NGOH DING	董萼廷
SZ TSEN LING	施振林(President)
WANG THE PU	王德溥(Secretary)
TSOH TSONG HWA	祝壮华(Vice-President)
SUNG CHAO SHU	孙超烜
SUNG ZIA HWANG	孙瑞璜
TING LIN TSEN	丁廉桢
LO SHUN DAH	罗顺达
LI CHING PIAO	李锦标
CHOW TING HWA	周鼎华
TSU SIH KWEI	朱锡圭
CHANG SEN FOO	张逊甫
WANG DZUN PEN	王传本
VAN MEI Z	范梅士
PAN FOH DZUN	潘福成
TSOH PAO KYING	祝宝庆
CHI YUOH FONG	纪育沣
YU CHING YING	俞俊蓥
VAN TSING TSE	樊正梓
SIH CHING ZAI	薛俊才
CHU GIA KWE	裘家奎(Treasurer)

预科四年级合影

Class Roll, 1922

WU TSEN TING	吴增鼎
CHEN CHI TSUE	陈其善
CHEN JUN CHI	金善继
CHEN PEH KONG	陈伯康
CHEN TSU KWE	陈祖槼
CHING THE TSONG	陈德章(Treasurer)
CHIU SIH CHING	周雪臣(Vice-President)
DONG VEN LAI	童文莱
CHANG TS FANG	张子芳(President)
KU WE CHING	古为重
LIANG CHING HWA	梁景华
LI TSEN YI	励存彝
TSANG MIH CHI	张勉坚
TONG SIH TAI	唐锡泰
TSU CHUEN YIN	朱健行(Chinese Secretary)
WANG SEN KONG	王森康
WANG TSANG CHUEN	王章权
WANG TSE TSANG	王炽昌
YANG VEN PING	杨文炳
YUOH KANG HWA	郁康华
TONG ZI SON	董全生
ZI TSENG TONG	徐振东(English Secretary)

预科三年级合影

Class Roll, 1923

BIEN TSU KWEN	卞树锟(Vice-President)
CHANG NI	张　毅
CHEN BOO KAO	陈步高
CHEN CHING TONG	陈景棠
CHEN KANG	陈　刚
CHOW PING KOH	周秉国
DUNG CHIA PING	邓嘉秉
DUNG ZONG TSE	邓尚志
FUNG BE TSE	冯培志
HO LI PEN	何立本
CHING BE LEE	金培利
LI KYUNG HSUEN	李勤萱
LI ZOEN KYUNG	李善勤
LING ZAO YIH	李兆业
NI ENG ZAH	严恩柞
SING HIS DAO	忻贤焘
SIH CHING SUNG	薛金生(President)
TSU FOH KONG	朱福康(Secretary)
TONG BAI LING	董培林
TSONG BAI YUNG	钟佩瑢
WANG WU YING	汪梧荫(Treasurer)
WONG YU DING	王有廷
YEN TEN LANG	严敦烺
YIAO TSU ENG	姚祖恩

预科二年级合影

Class Roll, 1924

CHOW BAY LAN	周培兰
CHOW CHEE YEE	周启炎
CHOW TSU KUNG	周树功（English Secretary）
LI TSU CHING	李祖春
MOH TING SHEN	莫鼎盛（Treasurer）
SUNG VEN HAO	沈文晧（Chinese Secretary）
SUNG YUNG LOH	沈永禄
TAN DZUN YIEN	谈俊英
TSU TSONG FAN	朱宗藩（President）
VAN TSU YU	樊正楢
YANG ZUNG TEH	杨存德（Vice-President）

预科一年级合影

四、校园生活

作为一所教会大学，沪江非常注重道德教育，为养成学生的优良品格，不光将校址选在偏僻的乡间，以隔离都市的恶浊影响，而且制定了严厉的校规校纪，约束学生的校内行为。

校规严格限制学生离校外出，规定“诸生平日不得擅自出外，惟礼拜六日下午如得校长允准，始可出外，必于当晚六时前回校。此出外权利约以一月一次为限。至于家中要事不得不告假者，当先由父兄或保证人具函，说明真实理由，迳交校长察夺可否，不得附入学生函内转交。……凡正科生每日下午四时后，例许在校外左近散步以畅天机（预科生不在此例）。惟出入须领缴名券而返校亦当在六时前。并在外不得有不规则之举动，违者停止其应享之散步权，甚且记过，以示之惩。”

学生到校时，除了生活必需之物，“此外稗官小说与一切珍贵及无用之物，均不准携带。……诸生于开学日均须齐到，以免旷课。如开学日不到即记五过，以后每日迟到一天即记一过，至三礼拜后仍不到者则不准入学矣。”

“凡烟酒、赌博、斗殴、毁骂及考试夹带等事，本校视为最大之过犯者，必受严谴或斥退……一学期内凡记五十过者黜退。”

“诸生须守本校教规，每晨礼拜及主日上下午均当恭诣礼堂以昭慎重。”

沪江在严格治校的同时，着力强化校园的宗教、艺术与人文气息，逐步建成远东和沪上知名的美丽校园，校内涌现了数十个学生社团组织，涵盖宗教、体育、音乐、戏剧、社会服务等多方面，既丰富了学生的课余生活，锻炼了体魄，陶冶了人格，也培养了学生的自治和社会组织能力。

1916年校园局部

【青年会Y.M.C.A.】

沪江大学基督教青年会成立于1907年，是当时组织学生参与宗教和文体娱乐活动的主要团体。

1916年时，青年会执行部的会正是陈禹平，会副是陆麟书，书记是林兆棠，司库是虞秉荣。

青年会职员合影

【感亲会Christian Home Club】

感亲会由魏馥兰夫人倡议成立于1913年，最初意图是帮助和鼓励基督徒学生劝导其亲属皈依基督教，进而发展到传播新的家庭生活观念，如饮食平衡、家庭艺术、儿童福利、劝阻早婚、鼓励建立与父母分居的新式家庭等。

《申报》1916年5月31日载《演说改良家庭问题》一文：

去年杨树浦沪江大学校长魏馥兰博士及其夫人、梅佩礼硕士及其夫人等发起一会，名曰感亲会，专以基督教道感化学生亲长改良家庭为宗旨，设立以来已及一年，成效颇著。

1916年感亲会，会长由缪秋笙担任，副会长是虞秉荣，书记和司库是林兆棠，陆麟书和梅佩礼夫人任宣导委员（Committee on Speakers）。

感亲会职员合影

【社会服务团Shanghai Social Service League】

社会服务团成立于1915年。

1915年4月出版的《天籁》第3卷第2号《沪江乘》对社会服务团的发起作了报道：

社会服务团发起　我国社会腐败。殆至极点。本校青年。有鉴于斯。特发起社会服务团。计分八部。曰知村部、调查部、学生公益部、游戏部、翻译部、卫生部、公众教育部、宗教部。部有长一，教员学生均担任。兹有团友[①]人而报名者异常踊跃。此会发起。为沪上各校冠。深愿热心志士。步我后尘。匡我不逮。同人有厚望焉。

社会服务团团长陈禹平，董承琅、胡诶骐、严恩椿、郑连生、缪秋笙、伊文士、董景安、李佳思分任各部部长。

① 此处原文空缺。

社会服务团职员合影

The Shanghai Social Service League is one of the really worthwhile organizations around the college. The League was re-organized on March 15th into eight sections as follows: Survey Section, Village Oversight Section, Religious Education Section, Popular Education Section, Recreation Section, Health Section, Translation Section and Student Welfare Section. The members of the various sections have already begun to work.

——*Voice, Vol. 4, No. 1, March 1916*

【天籁社 Voice Board】

天籁社成立于1912年春季。

1916年时社长为赖祖光，陆麟书任副社长，林朝翰为汉文总主笔，魏馥兰校长任西文总主笔。

Voice Board

Tong Chen Yu *Circulation Manager*　Tsu Dzang Su *Chinese Editor*　Sen Kien *Chinese Editor*　Liu I Nien *English Editor*　Tong Chen Lang *English Editor*　Hu Yung Chi *Circulation Manager*

Shen Wen Hong *Treasurer*　Chu Boh Tsuen *Business Manager*　Loh Ling Su *Vice-President*　Lai Tsu Kwan *President*　Chih Ching Ching *English Editor*　Yu Bing Yung *English Editor*

【翻译社 Translation Society】

翻译社成立于1916年3月11日。社长为胡詠骐，虞秉荣任副社长，应元道为书记。

A Translation Club was organized late in March, 1916, membership in which is limited to the Seniors and Juniors, and the object of which is to help the members to grow in ability in translating either from Chinese into English or from English into Chinese.

——*Voice, Vol. 4, No. 1, March 1916*

【科学社 Science Club】

科学社成立时间不详，1916年时由伊文士担任社长，副社长是严恩椿，刘颐年任书记。韩森、葛学溥、梅佩礼、杨景时、吴东初等教员也都是科学社成员。

科学社成员合影

【演剧团 Dramatic Club】

演剧团成立于1915年。

1916年演剧团团长是虞秉荣，副团长陆麟书，书记员刘颐年，其他成员还有尤济清、王有廷等人。

演剧团成员合影

演剧团演出剧照之一

演剧团演出剧照之二

The club practices three afternoons a week, and the actors are most faithful in attending these rehearsals. Several of the members have become quite well-known in different roles. Since the Club does not boast any of the fair sex among its members, it has availed itself of the valuable services of Wang Yiu Ding, Loh Ling Su and Yu Bing Yung along this line. It is currently reported about the campus that no less than three students lost their hearts to "Miss" Yu Bing Yung the last time the Club presented a play. Chu Saen as a dashing young fellow and Mao Chih Wo as the faithful servant have made quite an impression on the audiences before which the Club has played, while the dignity of human society in general has been amply upheld by Yu Chi Ching and Ling Yung Chuen.

——*Liber Shanghainensis, 1917*

【体育会 Athletic Board】

沪江大学开办之初就成立了与神学院联合的体育会，由传教士教师兼任体育教练。体育项目以足球、棒球和田径为主课，以网球、篮球、排球和室内垒球为副课。

早期沪江学生人数少，对体育的态度也以消极应付为主，但随着学校规模扩大，体育设施逐步完备，热心参与者日众。学校规定学生每年缴纳运动费洋二元，"全体学生于下午放学后皆当入场运动，如有学生不愿习跳高赛跑等大运动者，须习柔软体操，使校内学生无一不得体育之益。"

1915~1916年度体育会会长是胡诚骐，书记陆麟书，司库伊文士，教练是葛学溥。足球队长严圣才，棒球队长朱博泉，田径队长翁纪康。

1916~1917年度体育会会长钱振亚，副会长陈禹平，书记是董承琅。

1915~1916年度体育会职员合影

棒球队合影

网球队合影

网球比赛

排球比赛

三色球团(Tri-color Games)比赛

The Tri-Color league competition began at three o'clock. A hot fight took place between the three groups. The result was that each group secured five points. But the Blues, because of their success in weekly competition, carried off the banner.

——*Voice, Vol. 4, No. 2, June 1916*

中　编

徐志摩沪江印迹考

1915年12月，19岁的徐志摩由北京回硖石结婚后，自请北大预科退学，以谱名徐章垿插班进入沪江大学预科。1916年9月升入沪江大学一年级。1917年初春，与吴经熊一同在上海应考北洋大学法科特别班，并通过考试。1917年2月，21岁的徐志摩离开沪江大学，转入天津北洋大学法科特别班。

徐志摩在沪江大学求学的时间并不长，大概一年多。但这一年多却是他人生经历中的重要环节，他20岁一整年的青春是在沪江大学校园里度过的。而且，通过我们不懈的反复搜寻，在沪江大学时期留下的档案中，新发现了不少有关徐志摩的材料。这些材料对于我们了解青年徐志摩的生活和思想都有重大意义。本篇拟通过这些新发现的材料，综合学界已经披露的有关徐志摩的沪江史料，描画出相对完整的徐志摩的沪江印迹。

一、成绩单

成绩单是徐志摩求学沪江的直接证明材料。

该成绩单是沪江大学美籍校长魏馥兰于1918年12月4日为徐章垿（Hsu Chang-hsu）出具的，由香港作家、《徐志摩新传》的作者梁锡华于1970年代从美国克拉克大学的档案中获得。其实徐志摩已于1918年8月14日乘中国轮船公司"南京号"轮赴美，并于8月31日在太平洋上作《徐志摩启行赴美文》，9月18日入读马萨诸塞州克拉克大学四年级。

徐志摩在沪江大学读书期间，魏馥兰校长曾回国休假，由副校长、中国籍教授董景安代理校长。当时徐志摩曾作《送魏校长归国序》送行，发表于1916年11月《天籁》第4卷第3号。该期《沪江春秋》也出自徐志摩手笔，第一条便是"送别"："魏博士且归国，作送别会。学生曼歌，不胜恋恋。先生训之辞，其言谆谆宛挚。学生感喻奋作，复歌洋洋盈耳也。越十五日，先生首涂（途），举校送之，为之挽车，徐歌而行。诗曰，泰山岩岩，鲁邦所瞻，斯之谓矣。"送别会举办于1916年5月16日，启程应是在6月初。据沪江大学理科主任梅佩礼记载，启程当日，"当魏馥兰离开住所时，一群学生护送着他至一辆装饰华丽的马车前，马车由18名学生拉着，其余学生跟在马车后面。学生们在炙热且满是灰尘的马路上护送校长排成纵队一路跋涉，一路欢唱足有一英里路远，直到魏馥兰校长作告别演说。当魏博士消失在码头后，学生们将新代理校长董景安推往之前魏馥兰校长乘坐的马车内，然后大家将他拉回校园内。"徐志摩应当也在送行学生之列，而且当时沪江的师生人数百人左右，作为高材生的徐志摩应该是校长魏馥兰比较熟悉和欣赏的。所以他通过跨洋邮件请求魏馥兰校长出具成绩单应该在情理之中。

THE SHANGHAI BAPTIST COLLEGE

AND

THEOLOGICAL SEMINARY

PRESIDENT'S OFFICE

SHANGHAI, CHINA

Dec. 4, 1918.

To whom it may concern:

This is to certify that Mr. Hsu, Chang-hsu was a student in this College for two years, 1915 & 1916, and that he completed here the following courses of study:

Subjects completed.	Hours per week.	Grades.
(1915)		
English Literature	3	89
" Rhetoric & Composition	5	92
Chinese Literature	3	96
" History	3	97
General History	3	91
Elementary Physics	3	85
Plane & Spherical Trigonometry	3	88
Civics	3	97
Bible	2	92
(1916)		
English Literature	3	90
" Theme Writing	3	87
Chinese Literature	3	97
Chinese History	3	95
English History	3	91
Advanced Algebra	3	84
Chemistry	3	89
" Laboratory	4	"
Bible	2	94

F. J. White,

President,

The Shanghai Baptist College.

單績成的院學會信浸海上在徐

魏馥兰为徐志摩出具的成绩单

这份成绩单涉及1915年、1916年两个学年各9门科目，计18门。1915学年科目包括：英国文学，每周3学时，成绩89分；英语修辞和作文，每周5学时，成绩92分；中国文学，每周3学时，成绩96分；中国历史，每周3学时，成绩97分；通史，每周3学时，成绩91分；基础物理，每周3学时，成绩85分；平面和球面三角，每周3学时，89分；公民，每周3学时，93分；圣经，每周2学时，92分。

1916学年9门科目包括：英国文学，每周3学时，90分；英语写作，每周3学时，87分；中国文学，每周3学时，97分；中国历史，每周3学时，95分；英国历史，每周3学时，91分；高级代数，每周3学时，84分；抽象代数，每周3学时，89分；化学实验，每周4学时，89分；圣经，每周2学时，94分。

由于沪江大学校园在“八一三”当晚即遭日军占领和洗劫，早于1937年的学籍资料被毁，徐志摩在沪江的就读细节和学习成绩以这种形式保存下来，也是一个奇迹。

二、《天籁》

《天籁》是由沪江大学学生创办的一种综合性刊物，1912年6月创刊，初名《天籁报》，中英文合刊，每季出版一册。出版经费自筹，上海浸会大学天籁报社印行，首任社长是郑章成。1914年第2卷第3号起，改署“沪江大学校天籁报社印行”。自1917年3月起，由沪江大学、杭州蕙兰中学、苏州晏成中学、宁波浸会中学、绍兴越材中学、梅县广益中学和上海明强中学等7校联办，仿报纸形式，月出两大张。1919年后，改归沪江大学一校承办，恢复杂志形式。1920年，校方提议合办，始为周刊，继为月刊，三年后因经费问题停办。数月后，重新发刊，经费由学生每人每学期出五角，于交学费时缴纳。1920年4月第9卷第4号起，改名为《沪江大学月刊》。1921年第10卷第1号起，由月刊改为周刊。1921年12月第11卷第1号起，又改为月刊，一年后改为半月刊，复名《天籁》，不久停刊。1924年3月15日出版第13卷第1号“复活号”，由沪江大学学生自治会出版部印行，不再另设报社。1926年10月，改名《沪大天籁》。1928年5月，改名《天籁季刊》。1932年兼出《沪大周刊》。1933年4月，改出《沪大月刊》。1934年，学生自治会解散，因经费奇绌，遂于6月15日出版第23卷第3、4号合刊后宣告停刊。一年后，学校当局应学生之要求，重新组织学生理事会和出版委员会，议定出版经费由学生承担，每人每学期一元，开学时由学校当局代收。1935年秋，续出第24卷第1号，名为《天籁》，由出版委员会负责编辑、印行。1937年6月，出至第26卷第1号后因中日战事而自行停刊。1949年8月复刊，仅见第1卷第1号。

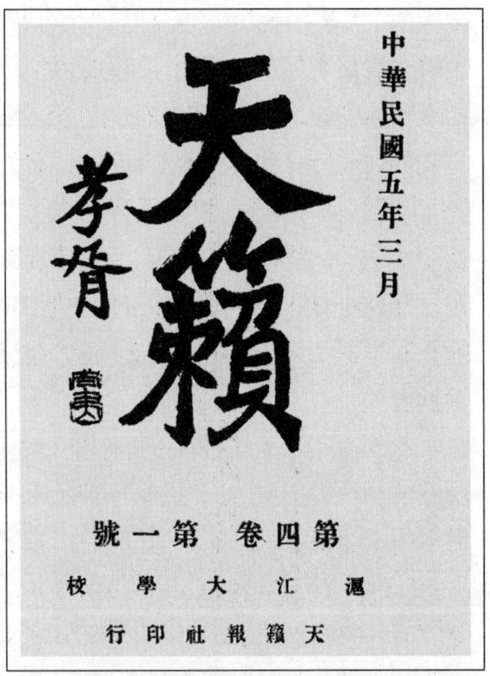

天籟社職員表

社長	賴祖光
副長	陸麟書
漢文書記	沈　經
西文書記	戚正成
幹事	朱博泉
司庫	沈文鴻
校內銷報員	胡駸騏　董承瑛　校外銷報處　時事新報館
漢文總主筆	林朝綸
漢文主筆	陸麟書　徐志摩　沈文鴻　沈　經　唐啓宇
西文總主筆	魏馥蘭
西文主筆	戚正成　劉頤年　虞棐榮　陳禹平　董承瑛

本報每季出版一册全年四册由滬江大學天籟報社發行報資每册大洋兩角全年八角郵費在外購報者函寄本社幹事朱博泉接洽報資先惠空函恕復

刊登廣告價目

廣告	全面	半面	封面
全年	十二元	八元	二十四元
半年	八元	五元	十六元
一册	五元	三元	十元

天籟報目錄

《天籁》第 4 卷第 1 号的封面、职员表与目录

1915年12月出版的《天籁报》第3卷第3、4合号没有出现徐志摩的信息，可能年底徐志摩刚到沪江，而这一期《天籁报》已经编定或出版了。但1916年3月出版的《天籁报》第4卷第1号，"徐志摩"三字已名列天籁社职员表，头衔是汉文主笔。职员表显示，该期《天籁报》的社长是赖祖光，汉文总主笔为前清拔贡、国文讲师林朝翰，汉文主笔共有5位，其余四位是陆麟书、沈文鸿、沈经、唐启宇。这是我们目前所见到的"徐志摩"这一名号的首次现身。

该期《天籁报》还发表了署名"徐志摩"的三篇文字，即"杂俎"栏目中的《祀孔纪盛》、《记骆何堃全谊事》和《春游纪事》。从内容推测，它们都作于徐志摩在杭州府中读书期间。初到沪江，他的聪慧才智和深厚的国学功底就得到了老师和同学的认可，被推为汉文主笔。因此他把部分中学时期创作的文稿拿出来供发表。

此外，除了《天籁报》职员表和文章署名上出现了"徐志摩"，我们还发现，《春游纪事》中作者多次以"志摩"自称，说明"志摩"这个别号的酝酿是其在杭州读书期间。关于徐志摩的名号问题，笔者另有专文探讨。

《天籁报》第4卷第2号（1916年6月出版）职员表上徐志摩依然名列汉文主笔，但有三篇文章，即"杂俎"栏目中的《渔樵问答》、《卖菜者言》、《论臧谷亡羊事》，署名用的却是其谱名徐章垿。

《天籁报》第4卷第3号（1916年11月出版）职员表，徐志摩担任了汉文书记，汉文主笔处赫然出现的却是徐摩志，应是排字错误。该期有三篇署名徐章垿的文章，即"文录"栏目中的《说发篇一》与《送魏校长归国序》及"纪事"栏目中的《沪江春秋》。《沪江春秋》实际上是《天籁报》中文版的新闻栏目，原先叫《浸会乘》。作者一般是每一期的汉文书记。徐志摩担任了该期汉文书记，所以这一期的《沪江春秋》出自徐志摩笔下。

《天籁报》第4卷第4号（1916年12月出版）职员表与上期同，并有署名徐章垿的文章两篇，即"社论"栏目中的《贪夫殉财烈士殉名论》以及"文录"栏目中的《征人语》。

不久徐志摩离开了沪江，而此后一年多的《天籁》至今亡佚不见。徐志摩在沪江时期留下的文字就是上述弥足珍贵的11篇了。

另外，我们在英文版天籁《Voice》（Vol.4, No.3, November 1916）中也发现了徐志摩的痕迹。据该期体育新闻栏目Athletic News记载，1916年6月10日晚7点，沪江大学体育会第三届年会在思晏堂举行，在会上，徐志摩（Zee Tsong Zu）被推举为网球队助理（Assistant Tennis Manager）。

Mr. Tang Ngo Ting	Treasurer.
„ Tsang Tse Fan	Chaplain.
„ Zee Tsin Tong	Sergeant-at-arms.

Signed: LING TSAO TANG, The Secretary.

ATHLETIC NEWS

Election of Officers

The Third Annual Meeting of the Shanghai Baptist College Athletic Association was held in Yates Hall, June 10, 1916, at 7 p.m. After reports from the Supervisor, the treasurer, and the managers of teams, the following officers for the year 1916-17 were legally installed.

President................................	Chien Tseu Ya,	'18.
Vice-President..........................	Chen Yu Ping,	'18.
Secretary................................	Tong Chen Lang,	'18.
Track Manager........................	Woo Wha Tang,	'18.
Assistant Track Manager............	Oug Chi Kong,	'20.
Foot Ball Manager.....................	Lai Tsu Kwang,	'18.
Assistant Foot Ball Manager.........	Tang Zung Teh,	'20.
Baseball Manager.....................	Kiang Sing,	'19.
Assistant Baseball Manager.........	Tong Chen Yü,	'20.
Tennis Manager........................	Wu Kyung Zung	'19.
Assistant Tennis Manager...........	Zee Tsong Z,	'20.
Tricolor League Manager...........	Hsü Tse I,	'18.
Assistant Tricolor League Manager..	Tsoh Tsong Wha,	'21.
Cheer Leader...........................	Chen Lien Seng,	'18.

LOCAL INTERCOLLEGIATE TENNIS CHAMPIONSHIP GAMES

Shanghai Baptist College Vs. St. John's University.

On May, 23rd, our Tennis Team went to St. John's. 4 singles matches and 1 double match were played off. St. John's won from us four matches to one. The latter was won by C. L. Tong, who was our Singles Champion on this Annual Field Day.

三、年刊

沪江大学年刊是沪江大学学生组织编辑的毕业纪念册，从1916年起每年一册，内容以毕业学生的情况介绍为主，涵盖学校生活的方方面面。由于1937年以前沪江学生学籍资料被毁，这些随着毕业生离校而流布存世的年刊成为记录沪江大学早期历史和校园内师生生活学习细节的重要史料。我们在1917年年刊中也发现了徐志摩的印迹。

因为是教会学校的缘故，1916年底出版的《沪江大学1917年年刊》纯以英文编写。1917届的毕业生有6位，是戚正成、胡诒骐、刘颐年、陆麟书、唐宁康和虞秉荣。年刊对这六位介绍很详细，有照片、在校期间各种头衔、生平简历等。由于当时学生人数不多，对后面几个年级的介绍，今天看来也颇为详尽，包括一张年级合影、年级的自我介绍、年级学生名单等。当时沪江大学实行的是通识课程设置，没有分科，所以学生是按年级组织活动，相当于今天的班级。徐志摩(徐章垿)所在的年级被称为“The Class of 1920”，按照当时的学制，他们应该在1920年毕业。年刊中列出了中英文对照的该年级学生名单。

由于徐志摩担任级长(president)的职务，因此他除了居于年级合影的中心位置，另外还有一个标准的头像出现在年级介绍的页首。年级介绍中是这样评价他的：“Mr. Zee, well known as a ‘Chinese etymologist’, who freely employs the ancient characters in his writings.”

同级还有一个Mr. Zee,就是徐民谋，他从《天籁报》第4卷第3号也成为汉文主笔，但当时仅在第4卷第4号发表过一篇文章，即《博学与自利》，显然难当“Chinese etymologist”的盛名。

此处“Zee Tsong Zu”与魏馥兰开具的成绩单中的“Hsu Chang-hsu”，是谱名徐章垿的不同拼读方式。

这样，由于年刊中两张照片的发现，使我们拥有了徐志摩沪江印迹的直观影像资料。

四、建筑

1916年徐志摩就读沪江时，学校的主要建筑为北堂(1907年落成)、思晏堂(1908年落成)、东堂(1909年落成)、思裴堂(1915年落成)以及四幢外国教员宿舍。

可以肯定，徐志摩在这些古老的建筑和运动场中曾经留下过身影和足迹。吴经熊《超越东西方》中有段故事就涉及徐志摩和思晏堂：

Freshman Class Officers

ZEE TSONG ZU - - - - - - - *President.*
HONG CHIA SHU - - - - - - *Vice-President.*
TSANG Z TSONG - - - - - - - *Secretary.*
TONG CHEN YÜ - - - - - - - *Treasurer.*

"The Class of all Talents"

Simultaneously with the increase of years the class of 1920, though small in number, has been rapidly distinguishing itself as "The Class of All Talents,"—physical, intellectual, and moral. In the matter of moral growth, we were the first to organize the "Civics Club," the chief purpose of which is to promote the welfare of the community. Again we introduced the fire-drill to the college, and practised it once every week. Finally we have two moralists, Messrs. Yang and Li, whom we willingly take as examples.

We are also famous for our intellectual supremacy. In the "Voice" board, our classmates occupy the majority of the five Chinese editor positions. The reader may recall vividly Mr. Sung whose style is characteristically forcible and is as clear as crystal, Mr. Tang, the "great reader," whose essays are full of scholarly allusions, and Mr. Zee, well known as a "Chinese etymologist," who freely employs the ancient characters in his writings. Thus, may we not declare our "intellectual independence," as Emerson has named it?

37

Now must be added our prominence in athletics. We were once the winners of the Interclass Football Championship. In the Varsity Baseball and Football Teams, we have many members who often gain the hearty admiration of the bystanders.

In Track work, we can not but feel elated when we mention Mr. Ong who has twice won the second place in the two Annual Meets and triumphantly carried off the Championship Silver Cup this Spring. There is also Mr. Ing who gloriously came out second in the latter contest, following closely our champion's heels. Therefore, in view of these crowning achievements in every line of student activity, would it not be fit to style our class the "Class of All Talents"?

Class Roll

CHOW ZU HUNG - - (周汝衍)
FAN KWANG YUNG - - (范光榮)
FONG TONG YUEN - - (方同源)
HONG CHIA SHU - - (洪家秀)
ING PAO MING - - - (尹寶明)
LEE SU HAI - - - (李世海)
LIU TSIH ING - - - (劉子影)
ONG CHI KONG - - - (翁紀康)
TONG CHEN YU - - - (董承璵)
TSANG Z TSONG - - - (張仕章)
TSENG FONG HUNG - - (鄭方珩)
WONG BUN - - - - (黃鵬)
WOO CHING YUNG - - (吳經熊)
ZEE TSONG ZU - - - (徐章垿)
ZEE MING MEO - - - (徐民謀)

38

年刊中的年级介绍

……我得允进入上海浸会大学(the Baptist College of Shanghai),继续学习科学。有一天,我在化学试验室做氧气试验时,好奇心大发,想看看氧在瓶里会怎样燃烧。我试着用火柴点燃它,但瓶子马上就爆成了碎片。当时我凑得很近以便于观察,却万幸未受损伤。紧接着,次日一个同学也发生了同样的事故,但不够运气,他的一只眼大受损伤,变瞎了。我突然认识到,我纯是凭运气逃过了这一事故,并且怀疑,一个像我这样的无法控制其怪诞好奇心的淘气包是否适合于应付如此充满了潜在爆炸能量的元素和原子。在我看来,一吨的耐心和自制,加上一盎司的想象力和逻辑推理,便构成一项科学发现或发明。正当我考虑人生前程时,我的一个同学,徐志摩,跑来告诉我他决定了去天津北洋大学学法律。他问我想不想跟他一起去。我一听到"法律",心就跳了起来。在我看来,法律是社会的科学,正如科学是自然的法律(To my mind, law was the science of society, just as science was the law of nature)。"好主意!"我说。因此,我们决定参加在上海举行的入学考试,两个人通过。其时为1916年冬天。

由于在1921年科学馆建成前,思晏堂承担着主要的教学功能,因此这段故事显然就发生在思晏堂。可惜思晏堂于1956年9月23日遭龙卷风袭击后,恢复重建时为了安全,将四层改为三层,严格来说今日之思晏堂已非当年的建筑原貌。只有东堂,徐志摩当年用膳沐浴的必去之处,还是当年的建筑真迹,留到今日,极具纪念意义。

除东堂外,沪江大学现存优秀历史保护建筑中与徐志摩有关的还有现为家属楼211号的麦氏医院。

麦氏医院于1917年5月11日建成开业,又名普济医院,系沪江大学医院,同时兼为沪江大学附近乡民诊治。因美国麦克来氏捐助而得名。1916年11月《天籁报》第4卷第3号《沪江春秋》中徐志摩作了记载:"医院　　本校谋建医院,济穷利众。美国善士捐来五千元,又向校友筹措千元。现既匀工从事,今冬可以落成。主院事者,雷医生也。"

可知当时医院的建筑费中,也有中国籍师生所捐的一千多元。并且捐款名单也由作为《天籁》第4卷第3号汉文书记的徐志摩记录并作了披露。在这份题为《沪江大学附设普济医院捐款征信录》的名单中,我们发现"徐章垿君"名列第四,捐款50元。这数目只低于朱博泉的100元和尤济清的70元,名列第三,甚至超过了当时的代校长董景安。当然这里应该作些说明,徐志摩的父亲徐申如是当时的江南经济重镇——浙江海宁硖石镇的首富,家境殷实,非常人可比。

麦氏医院原有建筑今天保存完好,其历史纪念意义也是不容忽视的。

滬江大學附設普濟醫院捐款徵信錄

朱博泉君 一百元 許樹滋君 二十元 周福初君 九角 賴漢濱君 一元
尤濟清君 七十元 朱宗藩君 十元 錢玉麒君 二元 賴管南君 一元
唐乃安君 五十元 經儉甫君 十元 王惠安君 一元 盧谷山君 五元
徐章琊君 五十元 虞厚發君 一元 忻春生君 九角 張敤灰君 一元
張樹屏君 五十元 鄔釆芹君 十二元 虞厚仁君 一元 賴新益興 二元
孫關生君 三十元 卞樹鋧君 五元 虞厚利君 一元 秋雲堂 五元
胡景澄君 四十元 朱先生 一元 蔡鳴鏘君 二元 賴斗岩君 二元
朱葆珊君 五十元 葛子廷君 一元 盧佐臣君 十元 張南賓君 一元
謝衡牕君 五十元 吳筱谷君 五元 賴熙廷君 一元 賴錫疇君 一元
黃伯惠君 二十元 嚴鴻章君 三元 蘇淮川君 一元 盧炎生君 一元
梁望秋君 十元 徐安甫君 二元 秋雲堂 五元 賴明齋君 一元
高鳳池君 二十元 徐友甫君 二元 姜甡昌君 一元 裕源成號 十元
朱健行君 二十元 俞王氏 一元 盧仁聲隆 一元 逑省氏 二十元
李馥蓀君 二十元 俞康澍君 一元 盧實秋君 一元 陳仲慈君 一元
麥陳氏君 一元 吳文元君 五元 林裕隆號 一元 金培利君 一元

唐耀簡君 五元 吳亞伯君 五元 吳雨亭君 五元 裘家奎君 五元
閔伯華君 一元 趙桂芬君 五元 徐和齋君 五元 童文萊君 二元
閔桐華君 四角半 劉貴才君 十元 陳達甫君 五元 李祖椿君 二元
潘贇君 一元 王叔翱君 五元 劉振源君 四元四角 陳伯康君 二元
周維新君 二元 王庚伯君 二元 倪女士 五元 張勉堅君 二元
董景安君 十元 劉灼榮君 十元 楊星垣君 一元 錢振亞君 一元
吳東初君 五元 柴啓泰君 四元四角 施振林君 一元 鄺富灼君 一元
潘子放君 五元 周慶禮君 四元四角 倪鴻文君 三元 吳穎達君 五元
張立民君 五元 余芷津君 五元 丁彩生君 二元 劉大鼎君 一元
林杏蓀君 五元 徐釆庭君 四元四角 董培林金生君 五十元 朱福康君 五元
繆秋生君 五元 童子剛君 四元四角 嚴敦焜君 一元 王有廷君 二元
嚴恩椿君 五元 薛俊升君 一元 鄭方珩君 一元 邵賡源君 一元
朱乃鳳君 五元 聖日課 二十四元二角 黃瑞生君 二元六角五分 王遂彥君 二元六角四分
顧泰來君 四元 張慧�君 二元 于壽春君 五元 無名氏 一元
孫超煊君 二元 伍太太 二十元 趙信光君 二元
共捐得洋一千零三十九元二角四分正

五、《申报》有关记载

《申报》上共有3条有关徐章垿的记载，其中两条与沪江大学有关。

1914年4月16日《命令》："陆军总长段祺瑞呈请将……徐章垿、吴鸣康、张云骥、何文标、吴恢均授为陆军辎重兵少尉。" 当时徐志摩尚在杭州读中学，此徐章垿应另有其人。

《申报》1916年6月21日载《沪江大学暑假纪事》：

沪江大学于前日举行暑假暨预科毕业礼。……计毕业者沈经、洪家秀、唐存德、翁纪康、唐启宇、尹宝明、董承玓、徐章垿、杨星垣……

1918年8月10日《申报》第10版载《沪江大学学生游美记》一文中也出现了有关 "徐章垿" 的记载：

沪江大学开办十年，成绩卓著，毕业生之赴美游学者颇不乏人。其由该校备资保送者，有郑章成、邬志坚二人。郑君已得博士学位，将于今年下半年回国。邬君肄习专学，亦将毕业，将来亦有博士希望。兹悉本年又有学生五人游美。上月二十九日，顾泰来君先行放洋。本月十五日，徐章垿、陆麟书、姚传法三君将乘中国邮船南京号赴美。又有赖祖光君定于九月十四日起行。以上五生大抵研究教育医学云。

虽然此时徐志摩已离开沪江大学近两年时间，但沪江师生仍把他的赴美游学当作学校的一种荣耀。

滬江大學暑假紀事

滬江大學於前日舉行暑假暨預科畢業禮前一日開第二次英文競辯會題爲中國不宜通商自由而宜實行保護工業評判員爲朱友漁余日章二碩士及羅格滿君競辯占優勝者爲正面虞乘榮胡詠騏陸麟書三人是日上午畢業生開演說會沈經用英文演述美國哲學大家之歷史下午三時開正式會澄衷中學校長及縣知事代表均蒞會由董校長報告宗旨並請黃歌之君演說黃君以覺世牖民爲題洋洋灑灑淋漓盡致一時掌聲如雷次由美國總領事演說謂該校畢業生于壽椿在該使館任書記以來勤於職務辦事井井有條甚爲彼所器愛足見該校教育之優良云云衆鼓掌次給全校最優勝之學生施振林獎洋五元及虞胡陸三君獎單畢業生文憑計畢業者沈經洪家秀唐存德翁紀康唐啓宇尹寶明董承璵徐章垿楊星垣後由董校長報告成績祈禱散會以茶點款客至五時來賓始散

滬江大學學生遊美記

滬江大學開辦十年成績卓著畢業生之赴美遊學者頗不乏人其由該校備資保送者有鄭章成鄔志堅二人鄭君已得博士學位將於今年下半年回國鄔君肄習專學亦將畢業將來亦有博士希望茲悉本年又有學生五人遊美上月二十九日顧泰來君先行放洋本月十五日徐章垿陸麟書姚傳法三君將乘中國郵船南京號赴美又有賴麗光君定於九月十四日起行以上五生大抵研究教育醫學云

申报版面

Student

Consular No. 190/1918

FORM OF CHINESE CERTIFICATE

In compliance with the provisions of Section 6 of an Act of the Congress of the United States of America, approved July 5, 1884, entitled "An Act to amend an act entitled 'An Act to execute certain treaty stipulations relatingto Chinese, approved May 6, 1882.'"

THIS CERTIFICATE is issued by the undersigned, who has been designated for that purpose by the Government of China, to show that the person named hereinafter is a member of one of the exempt classes described in said Act and as such has the permission of said Government to go to and reside within the territory of the United States, after an investigation and verification of the statements contained herein by the lawfully constituted agent of the United States in this country.

The following description is submitted for the identification of the person to whom the certificate relates:—

Application no 202

Name in full, in proper signature of bearer: 徐章垿 Hsü Chang-hsü
Title or official rank, if any: --
Physical peculiarities: Group of scars right side of forehead and mole back of neck.
Date of birth: January 5, 1898.
Height: 5 feet 7-1/2 inches
Former occupation: Student
When pursued: 1916-1917
Where pursued: Tientsin (Pei Yang University)
How long pursued: 1 year
Present occupation: Student
When pursued: 1917-1918
Where pursued: Peking (Law School of Government Univ.)
How long pursued: 1 year
Last place of actual residence: Yah Zeh, Chekiang, China.

NOTE.—If a merchant the following blanks should be filled out:
Title of present mercantile business: --
Location of said mercantile business: --
How long said business has been pursued: --
Amount invested (gold) in said business: --
Present estimated value of said business: --
Specific character of merchandise handled in said business: --

OK

NOTE.—If bearer is a traveller the following blanks should be filled out:
Financial standing of bearer in his own country: --
Probable duration of his stay in the United states: --

Issued as Shanghai, China, on this 9th day of August 1918.

Tsau Chen
(*Signature of Chinese Official.*)
Commissioner for Foreign Affairs of Kiangsu, Shanghai.

CERTIFICATE OF IDENTITY No. 2747
SEP -6 1918

(VISE:)
I, the undersigned duly authorized consular officer of the American Government for the territory within which the person named in the above certificate resides, have made a through investigation of the statements contained in the foregoing certificate and have found them to be in all respects true, and accordingly attach my signature and official seal in order that the bearer may be admitted to the United States upon identification as the person represented by the attached photograph, over which I have partly placed my Official seal.

Nelson Trusler Johnson
Consul ~~General~~ of the United States of America. in Charge

KIANGSU

AMERICAN CONSULAR SERVICE $1 FEE STAMP

AUG - 9 1918

FEE No. 5211

徐志摩赴美签证文件

下编

徐志摩《天籁》文萃

雜俎

祀孔紀盛

徐志摩

維中華民國四年[illegible]月十[illegible]七日恭居
宣聖祀期昧爽浙江巡按[illegible]泊羣官執事有司罔不莅止咸尸其事太牢具籩豆陳鐘鼓始
嚴薪燔于庭爇香迓神樂[illegible]奏止弦匏笙簧合守拊鼓宫商諸吏則和管磬羽籥並響嘽緩
慢易廉直經正樂已擊特[illegible]戛敔帛始獻維恪恭哉於是行初獻之禮樂作舞與弦哥于揚
允協節度洋洋乎雍雍哉[illegible]禮維三獻維樂奏雝和熙和淵和之章躋躋蹌蹌將事維慎哉
三獻既成迺致福胙撤饌送神禮畢諸官執事有司咸退維時晨曦軌軌稀霧蒙蒙聖德休
哉聖德休哉

中華民國五年三月

天籟

孝胥

第四卷 第一號

滬江大學校

天籟報社印行

天籟社職員表

社長　賴祖光

副長　陸麟書

漢文書記　沈　經

西文書記　戚正成

幹事　朱博泉

司庫　沈文鴻

校內銷報員　胡脉麒　董承瑛　校外銷報處　時事新報館

漢文總主筆　林朝綸

漢文主筆　陸麟書　徐志摩　沈文鴻　沈　經　唐啓宇

西文總主筆　魏馥蘭

西文主筆　戚正成　劉頤年　虞秉棻　陳禹平　董承瑱

本報每季出版一冊全年四冊由滬江大學天籟報社發行報資每冊大洋兩角全年八角郵費在外購報者函寄本社幹事朱博泉接洽報資先惠空函恕復

刊登廣告價目

廣告	全面	半面	封面
全年	十二元	八元	二十四元
半年	八元	五元	十六元
一冊	五元	三元	十元

天籟報目錄

雜俎

祀孔紀盛

徐志摩

維中華民國四年三月十有七日恭居宣聖祀期昧爽浙江巡按使洎羣官執事有司罔不莅止咸尸其事太牢具籩豆陳鐘鼓始嚴薪燔于庭爇香迓神樂始奏止弦匏笙簧合守拊鼓宮商諧夷則和管磬羽籥並響嘽緩慢易廉直經正樂已擊特磬戛敔帛始獻維恪恭哉於是行初獻之禮樂作舞興弦哥干揚允協節度洋洋乎雍雍哉厥禮維三獻維樂奏雝和熙和淵和之章躋躋蹌蹌將事維愼哉三獻既成迺致福胙撤饌送神禮畢諸官執事有司咸退維時晨曦倝倝稀霧蒙蒙聖德休哉聖德休哉

計卒無以爲辦於是義膽陸張趍博所奪具投之江怒目眥盡裂淚忽忽承頰責曰同學死若知之乎猶且快樂博者與正豪見梗甚憤暴者詈且辱之駱子慨然曰爲友卽死何傷駱某獨念王君客死堪憐又重負其屬竊願諸君念同學情視力佽助俾某得措辦爲歸骸骨藉令某攖諸君怒卽死某某得于王君有辭矣於是衆皆感愧有涕泣者集資成數時且薄莫船止雇艇爲渡舟人俗諱死駱子以氈內屍抱出顧兩船高下距數尺驟不能下迺問疇肯相右也有甌人願爲輔相舉下舟詭稱病者舟欹手脫落于舷氈展開屍赫然見舟人大譁賂之迺已登岸天色晦冥星斗微耀而自江畔及鎮以里駱子因謂甌人前覔涂己則舉屍加肩抗而行幸素趫健未爲累到鎮甌人爲視屍駱子行且咨是鄉人孰任鎮務也語詰詘驟難諭既乃導之至一家門曰、是矣駱子遂入謁一老者言如此且曰人地疎闊祈爲卽晚摒擋蒇事俾得詰朝早登程老者仁慈人也亦敬駱子多義慨諾卽爲集走棺斂送入山捐一方土瘞之駱子因樹一子桑其上杯酒奠之拜祝之曰幸且安此慟哭而去事已黎明駱子因謝老者偕甌人歸舟往鄂明年駱子歸卒爲輸其柩抵鴛湖

志摩曰輓近俗弊友道無聞久矣駱子獨高義噭噭信其然諸正言格頑莫夜負屍於古鮮覯況於今乎詩云愷悌君子四方爲則此之謂矣

記駱何塋全誼事

前人

吾友駱子亢節厚誼意氣如雲辛亥、入入伍生隊半載未有將遣駱子獨與鴛湖王君相得天下大定醳散入伍生隊命有志戎伍者入湖北軍官預備學校於是願往者百人駱子與王君與焉時五月中卽須到校專輪送去船既彤諸生博駱子王君獨促膝縱談以諸生行毋狀意蹙蹙惡之駱曰投筆入伍冀得裹屍爲榮今蹉跎未遂王曰我無兄弟千里背家父母念何如有頃王君煩頻俯不適駱子問得毋病喝而痧乎無藥柰何王益不支而臥駱趣走出見船長問有藥也不曰、叱嗟安得卽晚我船檥于鵠鄉容可辦駱子歸房見王君色大變汗蒸淫呼吸甚促則稍稍懼坐爲之撫摩時則江濤訇隱匈磕船削起落博者咦叫咥嗔聲不一致駱子獨在房伴王君鐙燄熒熒被風欲息病者鼓脣努吻如有所語而微不可辨因俯而聽之言吃吃斷續意謂病凶慮不起父母愛予深不意爲鬼漂泊語時洴淚狠戾不可止又曰相知惟君幸爲斂骸骨歸故鄉孤魂不相忘也駱子聞言大慼憂悲卒毋以爲慰斯須王君神氣益耗狂歐喘息持駱手噦哽言曰無爽屬駱子悽然曰卽有短長惟力是視不敢負屬王聞言似慰弛臥而瞑竟死駱不暇悲亟出示船長語以狀曰、斃邪則委之江耳執不可必全其屍曰、無已其卽舁而陸汙船不利因問卽此間棺斂費幾何曰、率百許駱子生鼂莫時乎不再今不著鞭噬臍無及矣寺他方又一院落亦有池一方危樓特聳濟公之像陳焉欹形丑兒拄杖趺坐展輔莞爾吾聞濟公者粱肉酗酒鋤惡務盡不惜艱辛其行爲類古豪俠流倘非所謂僊佛者與抑濟公秉性經正見義勇爲顯行釋氏福善禍婬之誼陰昭儒家救民水火之懷不忮不求無偏無頗斯其證果成佛正自有道豈與彼持齋諷經同其緇流者哉志摩素不佞佛獨敬濟公之佛非敬其佛敬其爲民戮力也今謁其像不禁躬身而祝之曰天地晦冥大道胥沈側目滔滔民生不聊願假佛力盡殲佞人庶民其蘇維公之德嗟乎世無健者以拯民困不得已而籲援於無稽之佛志摩爲此言而心膽碎矣寺僧出茶享客曰、此龍虎茗也（謂龍井虎跑）祛疾攝神既而言曰衲等聞塵世鑿爭甚苦衲等迺不知專制遑論共和甘泉洗心靑山濯景鼂諷梵唄莫坐蒲搏劌欲絕慮與佛爲徒煩嬈衆生闤闠名利何日財可覺悟哉莫鼓晨鍾當頭棒喝則亦不敢辨唯唯而已虎跑之遊既已更歷石屋煙霞諸勝而歸古人云酒可百日不飮不可一飮不醉吾謂山水可百日不遊不可一遊而不暢是日之遊可謂暢矣尤不能忘情於虎跑之泉味與夫寺僧之禪語以故記之特詳也

春遊紀事

前人

昔司馬遷氏好遊天下名山大川故其文有奇氣吾謂不特行文爲然人之氣節孤拔者得山水淩峭之氣也爲人桀邁者得山水雄薄之氣也北方山川瑰偉故其人多慷慨篤厚之士南方山川嫵麗故其地產英智挺睿之姿地靈人桀固有以也志摩好遊而不擇非必名山川是踐卽荒陬窮谷人跡杳闃之處志摩輒裹餱糧披荊棘而往當風歗吁觀化爲樂豈嘗惡肘柳而悲黍離也哉歲時更新春穌艸發爰啓遊志以有虎跑之行虎跑者相傳有虎跑地泉遂湧出故云虎跑去杭城二十里而遙晨發而午到入竟便聞水聲楡柳抱道有風寥寥衣泉竝響泉來自山薈爲二潭大者方丈小者方尺澄碧晶瑩針芥晰焉水不足深而汲之終鼂不竭不汲亦不盈其量未易測也寺僧曰泉水質厚滿盌以水投之百錢不溢驗之果然始吾嘗疑物之名於世者非必異於衆也不然山水會而成泉泉之亞於虎跑者夥矣而虎跑獨以名泉偁斯非其幸與或曰虎跑之水質厚可貴倘非所謂幸而偁者抑世之實而不名名而不實者往往而是虎跑之得名猶是虎跑之幸也與客歲夏余曾來此間有老僧號覺世者既古稀而精神矍鑠白鬚髮彪彪言滔汨不能休以問既大覺爲之憮然人

祀孔纪盛

维中华民国四年三月十有七日。恭届宣圣[①]祀期。昧爽[②],浙江巡按使[③],洎[④]群官执事有司,罔不莅止[⑤],咸尸[⑥]其事。太牢[⑦]具,笾豆[⑧]陈,钟鼓始严[⑨],薪燔[⑩]于庭,爇[⑪]香迓[⑫]神,乐始奏止,弦匏笙簧,合守拊鼓[⑬],宫商[⑭]

---

① 宣圣:汉平帝元始元年谥孔子为褒成宣尼公。此后历代王朝皆尊孔子为圣人,诗文中多称为“宣圣”。

② 昧爽:拂晓,破晓。

③ 巡按使:中华民国初建时,各省行政(民政)机关最高长官。浙江省首任巡按使是屈映光。

④ 洎(jì):及,到。

⑤ 莅止:莅临,就位。

⑥ 尸:担任;承担。

⑦ 太牢:古代祭祀,牛、羊、豕三牲具备谓之“太牢”。

⑧ 笾(biān)豆:古代祭祀和宴会时盛果品用的食器,竹制为笾,木制为豆。

⑨ 严:急,急促。严鼓:急鼓,急促的鼓声。祀孔典礼开始阶段有“鼓初严”、“鼓再严”、“鼓三严”三项程序。“鼓初严”:先击鼓框一声,再用双棰连续敲击鼓心,一重一轻,由慢转快,由弱转强,然后渐慢渐弱,最后重击鼓心一声。“鼓再严”:方式与鼓初严相同,但是首尾的击鼓框、鼓心、镛钟,都由一声增加为两声。“鼓三严”:方式与鼓初严相同,但是首尾的击鼓框、鼓心、镛钟,都增加到三声。

⑩ 燔(fán):焚烧。

⑪ 爇(ruò):烧也。

⑫ 迓(yà):迎接。

⑬ 弦匏(páo)笙簧,合守拊鼓:出自《礼记·乐记第十九》。子夏对曰:“今夫古乐,进旅退旅,和正以广。弦匏笙簧,合守拊鼓,始奏以文,复乱以武,治乱以相,讯疾以雅。中国古代对各种乐器统称为八音,也就是乐器分为金、石、土、革、丝、木、匏、竹八类。钟、铃等属于金类,磬等属于石类,埙属于土类,鼓等属于革类,琴瑟等弦乐器属于丝类,柷、敔等属于木类,笙竽等属于匏类,管、籥、箫等属于竹类。磬是一种用石或玉雕成悬挂于架上,击打而发出响声的乐器。埙是一种古代吹奏乐器,球状或椭圆状,音孔一至三个不等。柷、敔都是古代木质击打乐器。击柷雅乐开始,击敔雅乐结束。拊鼓:两种打击乐器。拊和鼓都是领奏乐器。击拊后堂上的其他乐器才合奏,击鼓后堂下的其他乐器才合奏。

⑭ 宫商:古代有五音,即宫商角徵羽,大致相当于今天的音阶。

谐，夷则①和，管磬羽籥②并响，啴缓慢易，廉直经正③。乐已，击特磬④戛敔⑤，帛始献，维恪恭哉。于是行初献⑥之礼，乐作舞兴，弦哥干扬⑦，允协节度，洋洋⑧乎，雍雍⑨哉。厥礼维三献，维乐奏雝和熙和渊和之章⑩，跻跻跄跄⑪，将事维慎哉。三献既成，迺⑫致福胙⑬撤馔送神。礼毕，诸官执事有司咸退。维时晨曦馯馯⑭，稀雾蒙蒙，圣德休哉⑮，圣德休哉。

本篇发表于沪江大学《天籁报》第4卷第1号（1916年3月出版）。文中用骈文记述了1915年3月17日浙江省举行的一次祭孔大典。

祭孔典礼，历代都有。孔子去世后第二年，即公元前478年，鲁哀公在曲阜阙里孔子旧宅立庙，即今天的曲阜孔庙。孔子生前所住的三间房屋改成寿堂，陈列孔子生前的生活用品，并按岁时祭祀，祭孔由此开始。汉高祖十二年（公元前195年），汉高祖经过鲁国，以太牢祭祀孔子。这是帝王祭孔的开始。汉元帝征召孔子第十三代孙孔霸为帝师，封关内侯，号褒成君，赐食邑八百户，以税收按时祭祀孔子。这是封孔子子孙为侯，以奉祀孔子的开始。汉光武帝建武五年(公元29年)，派遣大司空宋宏到曲阜阙里祭祀孔子。这是帝王派遣特使祭孔的开始。在此以前，所有祭孔典礼都在曲阜孔庙举行，直到汉明帝永平二年（公元59年），于太学及郡县学祭祀周公、孔子。从此，中央政府所在地及各地方政府也都在学校中祭

---

① 夷则：古代乐律名。古乐分十二律，阴阳各六，夷则为其一也。

② 羽籥（yuè）：古代祭祀或宴飨时舞者所持的舞具和乐器。羽，指雉羽。籥即排箫，一种编组多管乐器。

③ 啴（chǎn）缓慢易，廉直经正：《礼记・乐记》："是故志微噍杀之音作，而民思忧，啴谐慢易、繁文简节之音作，而民康乐。粗厉猛起、奋末广贲之音作，而民刚毅；廉直劲正、庄诚之音作，而民肃敬。"孔颖达疏："啴，宽也；谐，和也。"

④ 特磬：特悬磬。古代一种打击乐器，玉或石制，多用于宫廷雅乐或盛大祭典。

⑤ 戛敔（yǔ）：古代在雅乐结束时击奏的止乐乐器。敔的形状像一只伏卧的老虎，背上有二十七个齿状突起物，用木棒击打发出响声。

⑥ 初献：祭孔大典程序之一。典礼开始后，按照下述程序进行：(1)鼓初严；(2)鼓再严；(3)鼓三严；(4)正献官就位；(5)启扉；(6)瘗毛血；(7)迎神；(8)鞠躬；(9)进馔；(10)上香；(11)行初献礼；(12)恭读祝文；(13)鞠躬；(14)行亚献礼；(15)行终献礼；(16)饮福受胙；(17)撤馔；(18)送神；(19)鞠躬；(20)捧祝帛诣燎所；(21)望燎；(22)复位；(23)阖门；(24)礼成。

⑦ 干扬：武舞的道具。干，盾；扬，钺的别称，形似大斧。

⑧ 洋洋：形容众多或丰盛。

⑨ 雍雍：和也。

⑩ 雝和熙和渊和：祀孔典礼中乐章名。初献奏雝和之章，亚献奏熙和之章，终献奏渊和之章。

⑪ 跻跻跄跄：进退有节，恭敬有礼。

⑫ 迺：通"乃"。

⑬ 福胙（zuò）：祭祀所用的肉类。

⑭ 馯（gàn）：日出时光芒四射貌。

⑮ 休哉：美哉。

孔，祭孔成为全国性的重要活动。

自汉代以后，祭孔活动延续不断，规模也逐步提升，明清时期达到顶峰，被称为“国之大典”。清代在首都北京，每年都要举行两次大型祭祀孔子的仪式，即仲春（农历二月）上旬丁日和仲秋（农历八月）上旬丁日的上丁祭祀，简称“丁祀”或“丁祭”，地点在北京东城国子监旁的文庙（孔庙）。每逢祭日，午夜过后参祭人员便齐集东城国子监孔庙门前，凌晨3点钟，祭祀仪式开始。先是钟鼓齐鸣，经奏乐、迎神等一套仪式后，直到天光破晓，方告“礼成”。随后，祭祀用过的三牲（猪、牛、羊）分成若干块，分送主祭和陪祭，分享祭孔贡品，算是一种荣誉。地方上，每逢祭日，府县官吏、举人秀才、府学教谕，也齐集大成殿祭孔，仪式隆重，庄严肃穆。

辛亥革命后严重的社会危机与人民生活的恶化，引发了广泛的信仰危机，人们开始怀念过去的帝制时代，作为封建统治思想的“孔教”的大旗又被一些封建遗老重新祭起，以作为救世的良方。1912年10月7日为孔子诞辰纪念日，孔教会在上海的山东会馆成立。孔教会成立后，千方百计发展组织，扩大影响。1913年3月17日，孔教会在上海举行丁祭，总支会全体成员恭谒圣庙，行三跪九叩礼。同年6月22日，袁世凯发布“尊崇孔圣令”，1914年袁世凯又发布“规复祭孔令”，规定春秋两丁祀孔，京师由大总统主祭，各地文庙由地方长官主祭。该“祭孔令”由教育部社会教育司具体执行，而鲁迅当时正巧就在教育部该司，担任佥事兼第一科长，因此《鲁迅日记》里面，从1913年到1924年这12年间，几乎年年有参与“祭孔”和“赴孔庙演礼”（排演“祭孔”典礼）活动的实录，共达20多次。1915年2月，袁世凯又通令全国学校恢复“尊孔读经”，宣布“国民教育以孔子之道为修身之本”。一时尊孔之风大盛。

1915年3月17日浙江省的此次祭孔活动就是在这样的背景下举行的，当时徐志摩是杭州一中的毕业班学生，自然要与同学一起列队前往文庙参与祭祀。本篇的写作时间当在活动结束后不久，因为文中许多细节，如祭祀仪式开始时的情景，祭祀中的各项繁琐程序，以及礼毕时“晨曦轨轨，稀雾蒙蒙”的天气状况，都记录周详。

文中提及“初献”与“三献”，指的是祭孔的最重要议程“三献礼”。主祭人要先整衣冠、洗手后才能到孔子香案前上香鞠躬，鞠躬作揖时男的要左手在前右手在后，女的要右手在前左手在后。所谓三献，分初献、亚献和终献。初献帛爵，帛是黄色的丝绸，爵指仿古的酒杯，由正献官将帛爵供奉到香案后，主祭人宣读并供奉祭文，而后全体参祭人员对孔子像五鞠躬，齐诵《孔子赞》。亚献和终献都是献香献酒，分别由亚献官和终献官将香和酒供奉在香案上，程序和初献相当。

记骆何堃全谊事

吾友骆子，亢节厚谊，意气如云。辛亥，入入伍生队，半载，未有将遣。骆子独与鸳湖王君相得。天下大定，醳[①]散入伍生队，命有志戎伍者，入湖北军官预备学校。于是愿往者百人，骆子与王君与焉。时五月中，即须到校，专轮送去。船既彤[②]，诸生博。骆子王君独促膝纵谈，以诸生行毋状，意蹙蹙恶之。骆曰："投笔入伍，冀得裹尸为荣，今蹉跎未遂。"王曰："我无兄弟，千里背家，父母念何如？"有顷，王君烦颓[③]称不适。骆子问："得毋病暍而痧乎，无药奈何？"王益不支而卧。骆趣走出见船长，问："有药也不？"曰："叱嗟安得。即晚我船杈于鹚乡，容可办。"骆子归房，见王君色大变，汗蒸淫，呼吸甚促。则稍稍惧，坐为之抚摩。时则江涛訇隐匈礚，船舠起落，博者咦叫咥[④]嗔，声不一致。骆子独在房伴王君，灯焰荧荧，被风欲息，病者鼓唇努吻，如有所语，而微不可辨。因俯而听之，言吃吃断续，意谓病凶虑不起，父母爱予深，不意为鬼漂泊。语时洴泪狼戾[⑤]不可止。又曰："相知惟君，幸为敛骸骨归故乡，孤魂不相忘也。"骆子闻言，大戚忧悲，卒毋以为慰。斯须，王君神气益耗，狂欧喘息，持骆手，哕[⑥]哽言曰："无爽属。"骆子凄然曰："即

---

① 醳：yì，赏赐酒食。

② 彤：chēn，船行也。

③ 颓：yōu，颤也。

④ 咥：xì，笑。

⑤ 洴泪狼戾，即涕泗纵横之意。洴：píng，水声。

⑥ 哕：yuě，呕吐，气逆；干哕。

有短长，惟力是视，不敢负属。”王闻言似慰，弛卧而瞑，竟死。骆不暇悲，亟出示船长，语以状。曰：“毙邪，则委之江耳。”执不可，必全其尸。曰：“无已。其即舁[①]而陆，汙[②]船不利。”因问即此间棺敛，费几何？曰：“率百许。”骆子计卒无以为办，于是义胆陡张，趍[③]博所，夺具投之江，怒目眥尽裂，泪忽忽承颊，责曰：“同学死，若知之乎？犹且快乐。”博者兴正豪，见梗甚愤，暴者詈且辱之。骆子嘅[④]然曰：“为友即死，何伤？骆某独念王君客死堪怜，又重负其属，窃愿诸君念同学情，视力佽[⑤]助，俾某得措办为归骸骨。藉令某撄诸君怒，即死某，某得于王君有辞矣。”于是众皆感愧，有涕泣者，集资成数。时且薄莫，船止，雇艇为渡。舟人俗讳死，骆子以氊内尸，抱出。顾两船高下距数尺，骤不能下。迺间畴[⑥]肯相右也。有瓯人[⑦]愿为辅，相举下舟，诡称病者。舟敧手脱，落于舷。氊展开，尸赫然见。舟人大哗，赂之迺已。登岸，天色晦冥，星斗微耀，而自江畔及镇以里，骆子因谓瓯人前觅涂，已则举尸加肩，抗而行。幸素赳健，未为累。到镇，瓯人为视尸。骆子行且咨是乡人孰任镇务也。语诘诎，骤难谕，既乃导之至一家门，曰是矣。骆子遂入，谒一老者，言如此，且曰，人地疏阔，祈为即晚摒挡蒇[⑧]事，俾得诘朝[⑨]早登程。老者仁慈人也，亦敬骆子多义，慨诺，即为集走棺敛，送入山，搰[⑩]一方土薶[⑪]之。骆子因树一子桑其上，杯酒奠之，拜祝之，曰幸且安此。恸哭而去。事已黎明，骆子因谢老者，偕瓯人归舟往鄂。明年，骆子归，卒为输其柩抵鸳湖。

志摩曰：挽近俗弊，友道无闻久矣。骆子独高义皦皦[⑫]，信其然诺，正言格顽，莫夜负尸，于古鲜覯，况于今乎？诗云：恺悌君子，四方为则，此之谓矣。

---

① 舁：yú，抬。
② 汙：wū，同“污”。
③ 趍：qū，古同“趋”。
④ 嘅：kǎi，古同“慨”，叹息。
⑤ 佽：cì，帮助，资助。
⑥ 畴：畴人，农人。
⑦ 瓯人：指在水泊边居住之人。
⑧ 蒇：chǎn，完成，解决。
⑨ 诘朝：即平明，清晨。
⑩ 搰：挖。
⑪ 薶：古同“埋”，埋葬。
⑫ 皦：古同“皎”，洁白，明亮。

本篇发表于沪江大学《天籁报》第4卷第1号(1916年3月出版)。谊,同“义”。讲述的是徐志摩幼时的同窗兼好友骆何堃急公好义,勇于担当,为暴病而亡的朋友尽心料理后事的事迹。

骆何堃,即何竞武,浙江诸暨人,1894年11月9日(清光绪廿年十月十二日)生于浙江省诸暨县赵家镇花明泉村,原姓名为骆何坤(一说陆何坤),后过继何氏,改名为何堃,字竞武,后以字行。早年入私塾读书,后考入海宁硖石米业两等学堂第一期,毕业后入湖北陆军中学,旋并入陆军第二预备学校附课生,1916年1月升入保定陆军军官学校第四期,习步兵。1917年6月毕业,分派到北洋主力“毅军”任职,历任马步兵巡防、统领、骑兵旅长、骑兵司令、军参谋长,1926年任国民革命军东路总指挥部少校参谋,后任国民革命军第一路总指挥部交通处长、津浦路军事管理处处长、国民革命军总司令部野战铁道交通指挥官等职。1930年3月27日任铁道部平汉铁路管理局局长。1942年2月任西北公路运输局局长,1945年2月10日改称西北公路管理局,续任局长。1948年去台湾。1961年在台北病逝,后葬于美国马萨诸塞州列克星敦市。

在硖石米业学堂读书时,骆何堃曾担任军乐队领队。1912年12月,孙中山当时担任铁路督办之职,由上海来杭州考察浙江铁路情况。返沪途中,车过硖石,骆何堃曾率军乐队到车站迎送。

何竞武的女儿何灵琰是徐志摩和陆小曼的干女儿,曾长期寄居徐家,写有回忆徐志摩和陆小曼的纪念文字《我的义父母徐志摩和陆小曼》,收入长江文艺出版社2005年11月出版的《云游:朋友心中的徐志摩》一书。

1931年11月18日,徐志摩遇难前一晚,即住在当时南京飞机场附近的何竞武家。11月19日上午8点之前,徐志摩同何竞武一起吃过早点,又匆匆给林徽因发了一个电报,才登上了由南京飞往北平的“济南号”飞机。

本文实际上也是徐志摩与何竞武少年时亲密关系的一个重要佐证。

从文中看,徐志摩所记述的少年何竞武的义举应当发生在1912年5月。当时的骆何堃和好友鸳湖王君同在入伍生队。所谓入伍生队,须从头说起。清末,各省都设有一所陆军小学,学生来源主要由各地驻防旗人子弟中选送,其次由每县的高等小学中选送一名体质与学业兼优的汉族学生,他们的年龄在十四五岁间,都享受公费待遇。陆军小学毕业后,其优秀者升入陆军中学。当时全国有四所陆军中学,第一陆军中学在北京清河镇,第二陆军中学在南京,第三陆军中学在武昌,第四陆军中学在西安。陆军中学毕业后,升入保定军校“入伍生队”。骆何堃他们大概是1911年秋由湖北武昌第三陆军中学升入“入伍生队”的。“入伍生队”成员要先在保定军校的分校(位于校本部的东侧,占地九十二亩)过半年军队生活,经过严格的训练之后,加以考核,合格者才能升入陆军军官学校。然而不到半年，武昌首义，辛亥革命爆发，入伍生队解散。为谋出路，他们选择了回湖北继续读军校。就在回程的航船上，王君骤然中暑，尽管骆何堃在旁照料抚慰，因船上无药，病情加重，竟至暴亡。骆何堃满怀悲伤，不负王君临终“敛骸骨归故乡”的重托，以激烈慷慨的言辞感动了冷漠旁观的同学，筹集了棺敛费用。并暮夜负尸数里，使王君入土为安。又在第二年亲自将灵柩运回王君家乡。

骆何堃行此义举，也不过19岁。此事传扬开来，徐志摩撰文加以赞美，应该在20岁之前。

春游纪事

昔司马迁氏好游天下名山大川，故其文有奇气。吾谓不特行文为然，人之气节孤拔者，得山水凌峭之气也，为人桀迈者，得山水雄薄之气也。北方山川瑰伟，故其人多慷慨笃厚之士，南方山川妩丽，故其地产英智挺睿之姿。地灵人桀，固有以也。志摩好游而不择，非必名山川是践，即荒陬穷谷，人跡[①]杳阒[②]之处，志摩辄裹餱[③]粮披荆棘而迋[④]。当风歗[⑤]吁，观化为乐。岂尝恶肘柳[⑥]而悲黍离也哉。

岁时更新，春穌草发，爰启游志，以有虎跑之行。虎跑者，相传有虎跑地，泉遂涌出，故云虎跑。去杭城二十里而遥。晨发而午到，入竟便闻水声，榆柳抱道，有风寥寥，衣泉并响，泉来自山，荟为二潭，大者方丈，小者方尺，澄碧晶滢，针芥晰焉。水不足深而汲之终鼌[⑦]不竭。不汲亦不盈，其量未易测也。寺僧曰：泉水质厚，满盌[⑧]以水投之百钱不益。验之果然。始吾尝疑物之名于世者，非必异于众也。不然，山水会而成泉，泉之亚于虎

---

① 跡：同“迹”。

② 阒：qù，形容寂静；阒无一人。阒寂。阒然。

③ 餱：干食也。

④ 迋：wàng，往，前往。

⑤ 歗：古同“啸”。

⑥ 恶肘柳：《庄子・至乐》：“支离叔与滑介叔观于冥伯之丘，昆仑之虚，黄帝之所休。俄而柳生其左肘，其意蹶蹶然恶之。”王先谦集解：“瘤作柳，声转借字。”后以“肘生柳”比喻生死、疾病等意外的变化。

⑦ 鼌：通“朝”。

⑧ 盌：同“碗”。

跑者夥矣。而虎跑独以名泉称。斯非其幸与？或曰虎跑之水，质厚可贵。倘非所谓幸而称者，抑世之实而不名，名而不实者，往往而是。虎跑之得名，犹是虎跑之幸也与？客岁夏，余曾来此间，有老僧号觉世者，既古稀而精神矍铄，白须发彪彪，言滔汨不能休，以问，既大觉，为之怃然，人生鼂莫，时乎不再，今不著鞭，噬脐无及[①]矣。

寺他方又一院落，亦有池一方，危楼特耸，济公之像陈焉，攲形丑儿，拄杖趺坐[②]，展辅[③]莞尔。吾闻济公嗜粱肉酗酒，锄恶务尽，不惜艰辛，其行为类古豪侠流。倘非所谓仙佛者与？抑济公秉性经正，见义勇为，显行释氏福善祸婬[④]之谊，阴脗[⑤]儒家救民水火之怀，不忮不求[⑥]，无偏无颇，斯其证果成佛，正自有道，岂与彼持斋讽经，同其缁流[⑦]者哉？志摩素不佞佛[⑧]，独敬济公之佛，非敬其佛，敬其为民戮力也。今谒其像，不禁躬身而祝之曰：天地晦冥，大道胥沈，侧目滔滔，民生不聊，愿假佛力，尽歼佞人，庶民其苏，维公之德。嗟乎！世无健者，以拯民困，不得已而籲[⑨]援于无稽之佛。志摩为此言而心胆碎矣。寺僧出茶享客曰：此龙虎茗也[⑩]，祛疾摄神。既而言曰：衲等闻尘世鏖争甚苦，衲等迺不知专制，遑论共和。甘泉洗心，青山濯景，鼂讽梵呗[⑪]，莫坐蒲抟，护欲绝虑，与佛为徒，烦娆众生，鬩鬩[⑫]名利，何日财可觉悟哉？莫鼓晨钟，当头棒喝，则亦不敢辨，唯唯而已。

虎跑之游既已，更历石屋烟霞诸胜而归。古人云：酒可百日不饮，不可一饮不醉。吾谓山水可百日不游，不可一游而不畅。是日之游，可谓畅矣！尤不能忘情于虎跑之泉味，与夫寺僧之禅语。以故记之特详也。

---

① 噬脐无及：亦作“噬脐莫及”。自咬腹脐够不着，比喻后悔不及。唐高彦休《唐阙史·卢相国指挥镇州事》：“一失其机，噬脐无及。”

② 趺坐：佛教徒盘腿端坐的姿势。

③ 辅：面颊。

④ 祸婬：谓赐福给为善的人，降祸给作恶的人。

⑤ 脗：同“吻”。

⑥ 不忮不求：忮，嫉妒；求，贪求。指不妒忌，不贪得无厌。出自《诗经·邶风·雄雉》：“百尔君子，不知德行。不忮不求，何用不臧。”

⑦ 缁流：僧徒。僧尼多穿黑衣，故称。

⑧ 佞佛：谄媚佛；讨好于佛。后以为迷信佛教之称。

⑨ 籲：吁。

⑩ 龙虎茗：谓龙井虎跑。

⑪ 梵呗：佛教作法事时念诵经文的声音。

⑫ 鬩鬩：争乱也。

本篇发表于沪江大学《天籁报》第4卷第1号(1916年3月出版),记述了徐志摩一次到虎跑寺春游的经过。从标题和文中内容看,这次出游应该发生在他就读杭州一中期间。查徐志摩1911年《府中日记》,3月30日的文课题为《西湖风景多矣,春日宴游更饶乐趣。试各举其所最赏心者》,4月24日,为纪念学堂创始人林公生辰,特别放假一天,徐志摩与众同学畅游孤山、灵隐,这一日的日记也写得酣畅淋漓,独立成篇,完全可与本篇《春游纪事》媲美。

虎跑寺,原名大慈定慧禅寺,位于杭州西南大慈山,因寺中有名泉虎跑泉,故俗称虎跑寺。相传,唐元和十四年(公元819年)高僧寰中(亦名性空)来此,喜欢这里风景灵秀,便住了下来。后来,因为附近没有水源,他准备迁往别处。一夜忽然梦见神人告诉他说:"南岳有一童子泉,当遣二虎将其搬到这里来。"第二天,他果然看见二虎跑(刨)地作地穴,清澈的泉水随即涌出,故名为虎跑泉。宋朝高僧道济,圆寂于虎跑寺,寺内有济公殿、济公塔,徐志摩也在文中作了生动的描述。被佛门称为"重兴南山律宗第十一代主师"的高僧弘一法师披剃出家的也是虎跑寺,但剃度时间是在1918年8月19日,当时徐志摩中学毕业离开杭州已经有三年了。

这篇游记在写景状物方面有桐城派"简洁精练、清真雅正"的特点,但爱做怪句子、写古字,好发救民水火的议论,这些却是和当年鲁迅一样受了《民报》的影响。而面对寺僧劝佛的套话,"莫鼓晨钟,当头棒喝,则亦不敢辨,唯唯而已",更体现出徐志摩孩童的天性。

林语堂1912年至1916年在上海圣约翰大学就读,1916年获得学士学位毕业。他在大学几年中,一直担任校刊《约翰声》的编辑,二年级时曾以英文写成他生平第一篇短篇小说发表在该刊上。这篇以凤阳花鼓为背景的爱情故事,获得了该校颁赠的金牌奖。作为《约翰声》的编辑,林语堂应能读到徐志摩这篇游记。林语堂曾于1934年两游西湖,先后写下了小品文名篇《春日游杭记》和《游杭再记》,发表在《论语》上。细心的读者或许能发现《春日游杭记》与徐志摩《春游纪事》之间的内在微妙联系。

中華民國五年六月

第四卷　第二號

滬江大學校

天籟報社印行

天籟社職員表

社長　賴祖光

副長　陸麟書

漢文書記　沈　經

西文書記　戚正成

幹事　朱博泉

司庫　沈文鴻

校內銷報員　胡駥騏　董承瑍　校外銷報處　時事新報館

漢文總主筆　林朝翰

漢文主筆　陸麟書　徐志摩　沈文鴻　沈　經　唐啓宇

西文總主筆　魏馥蘭

西文主筆　戚正成　劉頤年　虞秉榮　陳禹平　董承琅

本報每季出版一册全年四册由滬江大學天籟報社發行報資每册大洋兩角全年八角郵費在外購報者函寄本社幹事朱博泉接洽報資先惠空函恕復

刊登廣告價目

廣告	全面	半面	封面
全年	十二元	八元	二十四元
半年	八元	五元	十六元
一册	五元	三元	十元

天籟報目錄

論臧穀亡羊事

前人

至人有名利無有哉有可以全眞者無有哉見蝮虵而駭惕赴湯火而趦趄謂其足以戕吾身也嗟乎孰知名利之擢性固有甚於蝮虵湯火也哉童子徒袒而歌距奮以躍盲乎毋所窺渾然未有知斯其性完而眞全也落馬首穿牛鼻而後介倪詭銜竊轡闉扼人事興而天下囂囂至德之世未始有是也未始有非也是非黑白相與反覆莫揆其極亂滋惑豢不可止矣因其所然而然之則萬物無不然因其所非而非之則萬物無不非瞽者不譽文章之觀聾者不侜鍾鼓之音北人擅馳驁南民矜操舟執有便宜取舍殊也淮南子曰載哀者聞歌聲而泣載樂者聞哭聲而笑哀可樂者笑可哀者載使然也是以貴虛夫水激則波湧氣耗則智惛智惛不可以爲政波水不可以爲平使烏桓陡引牛尾尾殊力殫牛不爲動五尺童子引其棬則恣其所之是故蹲循自然則治決剔彼是則淆天下平而毋故矣惡用多駢枝旁之道爲哉今夫人得毋弛其眞毋汨其性此亦樂之至矣奚爲沈溺名利皇皇乎若揭鼓以求亡子也哉將短綆以汲深左矣將小豬以懷大難矣將枉自然以殉是非悖矣將賊性眞以濆名利蟄矣恢乎皇哉蒙叟之義也牧羊而亡其羊養生而殘其生因是非而觀之讀書得矣卽亡其羊何傷死名善矣卽喪其生何傷因自然而觀之軌迹旣同愆慝一齊不循其本駢言枝義何爲哉

曰童子毋嘫卽謂樵採苦邪世涂崎嶇不若山徑之平敡人情險巇有加狠豹之爪牙且予向不爲樵塡溝洫久矣於是余終歲在山閒迄於今數十年昔之所苦今也樂之志懷清潔不介外物俛卬歗歌我樂天趣峭壁可得而援也虎豹可得而弄也嘫轉而視人怵然顧却康莊不足坦王侯不足傲吾其依山終矣夫孰知黲黲雲霧荒陬如髦滮池竭澤毒徧神州吾是以捐儕去樵徒跣而逃也漁人曰雖然子且奚適哉曰吾行蒼蒼不禔焉往吾覘人而惡世吾其求無人之鄉而薦身矣漁人曰吾豈長耐此濁世虖子其遁首陽而吾蹈東海矣

漁樵問荅

徐章垿

北海之漁人與西山之樵父解逅於孟諸之野漁人曰吾聞南冥有魚吞舟不珏顎其尾莫得而度也吾試往釣之而子何爲焉樵父曰子徐行方今秦鹿復縱天下徬徨白刄交揮蝮虵滿道吾樵於深山不得片廬而託處焉遺僧棄樵徒跣而逃遘子於此請得席地而譚鄒衍之天且子試言其數矣漁人曰古之善釣者詹何以芒鍼爲鉤繞繭絲於荊條臨百仞之淵而掇盈車之魚毋它其志專其神壹掃百慮而惟釣之是知匠石之運斤也宗載之學射也斯釣之聖矣蟠溪之釣則殊矣身寄渚湄之間而內懷宇宙之觀目不出乎清波志有存於王佐臨江持竿曠日無一魚之獲而熊飛既協青簡傳尙父之名釣而不釣斯天下之大釣也淮陰之釣所以鳴侘傺也韋衣之釣所以寄閑情也夫漁一也而所以爲漁貳矣自我爲漁人十五年吾跡甚恢河海之大澗流之細無不歷焉多識於鱗介貝鰭之族嗍而上不敢窺娟環之數旁亦無古人之懷吾是以恥也樵夫曰嘻子休矣烏用是高淼爲哉今吾語子以伐木之道吾自童穉之年首笠足屩儋亏肩斤於背披荊棘跋巉崖至於貫深林昏闇不可覩物或有所犯流血甚楚間猛獸來襲我賴矯捷得不死歸家傪傪請亏長愿它從事

寂於中莫能以己之嚼嚼容物之混污夫我見黃金之鎬鑠琨瑤之晶霞間未嘗不瞿瞿於心也反而顧吾篋之靑靑則非分之想逝矣今夫志鵠而扜弓則二五之數不計矣非二五之計難也欲鵠之心亂之也今之人豈不采于義哉嘫而賣之者好利之心汨之也嚮使利絕而義完矣惟利之中人甚深斯人之賣其家國幷及其身而弗自覺也悲夫且吾嘗於賣菜而獲言矣彼茁者葭蕣其莠而培其菁將之似赤子則秀發而充肥不及市而罄藉令疎護持簡糞洒雖亦生長枯焦萎弊其味苦澀抑買不售也今人之於世亦嘫矣順其性而陶育之無賊其天無累於物斯足以全誼於俗流樹節於季世矣今吾窺人之心窈然洞黑如膠如漆性失不可復還義賣不可復得故行人世如遊鬼市顧瞻周道中心怛兮予不嘗窺吾圃虖秀發充肥者瀰望皆是也嘫以覘人何枯焦萎弊者之多也休矣予無長盜吾言也揭儋大步歌而去

賣菜者言

前　人

長安之市有異人焉髯舞髮鬠面目焦黧衣弊膚見肘絕踵決何儋而行歌且嘯曰昔南風之薰兮解吾民之憂慍今颶颲之疾兮苦元元以不得息予既頒白之叜兮何時衣帛蘇吾貧晨雞叫我起牀恂恂視吾圃苗長曾未央拔菜洗之枯者舍之實滿吾筐載歌載熙鼂出莫歸售菜傷米無老妻其誰依全眞子異之就而問焉曰若何懷而歌悽其女其接輿與丈人睨之不答復歌曰子不見夫春華虖子不見夫秋蓬虖子不見夫蘭池之騁兮人生鼂露且遂樂兮全眞子曰指婉而音轉必君子也趍而揖之曰聆夫子之詞蓋有道人焉何爲以賤役自汚哉於是丈人挩其何理其髯嗑嗞而笑曰姬魚語女而未嘗至於海若之門虖何言之鄙也今夫天下盡賣也子賣其親者有之妻賣其夫者有之弟賣其兄者有之奴賣其主者有之分滅禮失而上下交賣不計矣信絕恩斷而朋友交賣不恥矣浸假至於客虎狠引盜跖以蝕其里曰惠我而已矣夫何往而非賣也彼其所徼覬利也其所賣去義也而吾獨以賣菜全吾義衆人以虧形爲辱吾以虧義爲辱吾長於圃習於圃尻處於圃衣食於圃吾無妻子愛圃似妻視菜似子灌之溉之糞之抉之年齒耄矣而知不外圃因得自糊不拙不貯飽食鼓腹而歌烏烏吾頌唯黧吾懷唯瑩吾衣則弊吾眞未弛吾鬚髮蓬蓬而念慮清

论臧谷亡羊事

至人有名利无有哉？有可以全真者无有哉？见蝮虵而骇惕，赴汤火而趦趄，谓其足以戕[①]吾身也。嗟乎！孰知名利之擢性固有甚于蝮虵汤火也哉？童子徒袒而歌，距[②]奋以跃，盲乎毋所窥，浑然未有知。斯其性完而真全也。落马首，穿牛鼻，而后介倪、诡衔、窃辔、闉扼[③]，人事兴而天下嚣嚣。至德之世，未始有是也，未始有非也，是非黑白，相与反覆。莫揆[④]其极，乱滋惑豕[⑤]不可止矣。因其所然而然之，则万物无不然。因其所非而非之，则万物无不非。瞽者不誉文章之观，聋者不称钟鼓之音，北人擅驰骛，南民矜操舟，执有便宜[⑥]，取舍殊也。《淮南子》曰：载哀者闻歌声而注，载乐者闻哭声而笑。哀可乐者，笑可哀者，载使然也，是以贵虚。夫水激则波涌，气耗则智惛。智惛不可以为政[⑦]，波水不可以为平，使乌桓陡[⑧]引牛尾，

---

① 戕(qiāng)：杀害。

② 距：原意指雄鸡爪子后面突出像脚趾的部分，这里引申为脚。

③ 此句出自《庄子·马蹄》："而马知介倪、闉扼、鸷曼、诡衔、窃辔，故马之知而态至盗者，伯乐之罪也。"介倪，犹睥睨，侧目而视。《庄子·马蹄》："夫加之以衡扼，齐之以月题，而马知介倪。"诡衔：吐出马嚼；窃辔：摆脱笼头。马吐出嚼子，咬断缰绳，比喻不受束缚。闉(yīn)扼：谓马曲颈脱軛。扼，通"軛"。

④ 揆(kuí)：测量方位。

⑤ 豕(suì)：跟从。

⑥ 便宜：指某一方面的价值低廉。

⑦ 政：《说文》："政，正也。"

⑧ 陡：疑作"徒"，白白地。

尾殊[①]力殚，牛不为动。五尺童子引其棬[②]，则恣其所之。是故蹲[③]循自然则治，决剔[④]彼是则淆。天下平而毋故[⑤]矣，恶[⑥]用多骈枝[⑦]之道为哉。今夫人得毋弛其真，毋汩其性，此亦乐之至矣，奚为沈溺名利？皇皇乎，若揭鼓以求亡子也哉。将短绠以汲深，左[⑧]矣；将小褚以怀大，难矣；将枉自然以殉是非，悖矣，将贼性真以渍名利，垫[⑨]矣。恢乎！皇哉！蒙叟[⑩]之义也，牧羊而亡其羊，养生而残其生。因是非而观之，读书得矣，即亡其羊何伤。死名[⑪]善矣，即丧其生何伤。因自然而观之，轨迹既同，愆慝一齐，不循其本，骈言枝义何为哉。

本篇发表于沪江大学《天籁报》第4卷第2号（1916年6月出版）。"臧谷亡羊"的典故出自《庄子·骈拇》。

"自三代以下者，天下莫不以物易其性矣！小人则以身殉利；士则以身殉名；大夫则以身殉家；圣人则以身殉天下。故此数子者，事业不同，名声异号，其于伤性以身为殉，一也。臧与谷，二人相与牧羊而俱亡其羊。问臧奚事，则挟策读书；问谷奚事，则博塞以游。二人者，事业不同，其于亡羊均也。伯夷死名于首阳之下，盗跖死利于东陵之上。二人者，所死不同，其于残生伤性均也。奚必伯夷之是而盗跖之非乎？ 天下尽殉也：彼其所殉仁义也，则俗谓之君子；其所殉货财也，则俗谓之小人。其殉一也，则有君子焉，有小人焉。若其残生损性，则盗跖亦伯夷已，又恶取君子小人于其间哉！"

联系上下文，"臧谷亡羊"只是一种比兴的用法，为了说明小人、士、大夫以至圣人，无论是殉仁义殉货财，在残生损性上，是没有区别的。或者可以这样理解，读书赌博代表追逐名利，亡羊代表丧失自然本真。反正对臧谷都倾向于比较负面的评价。

徐志摩此篇是想通过阐发庄子的本义，而又有所发挥。"将枉自然以殉是非，

---

① 殊：断，绝。
② 棬(juàn)：古同"桊"，牛鼻环。
③ 蹲：疑作"遵"。
④ 决剔：离开、背离。
⑤ 故：意外的事情。
⑥ 恶：为什么。
⑦ 骈枝：比喻多余无用的东西。
⑧ 左：错误，荒谬。
⑨ 垫：《说文》："垫，下也。"
⑩ 蒙叟：指庄周。
⑪ 死名：死后之名。

悖矣，将贼性真以渍名利，垫矣。”这是复述庄子的本义。“恢乎！皇哉！蒙叟之义也，牧羊而亡其羊，养生而残其生。因是非而观之，读书得矣，即亡其羊何伤。死名善矣，即丧其生何伤。因自然而观之，轨迹既同，愆慝一齐，不循其本，骈言枝义何为哉。”这是发挥。

尽管这里徐志摩对“因是非而观之”的角度是否定的，但他却客观地提出了一种不同于庄子的新的名利观。“读书得矣，即亡其羊何伤。死名善矣，即丧其生何伤。”这种名利观在1916年12月《天籁报》第4卷第4号《贪夫殉财烈士殉名论》中终于明确了。“令天下乱者名利也，令天下合者亦名利也。向使无名利以维世，则员颅方趾之俦，亦昧昧自营其生，漫散毋可纠集。抑何自有数千年灿烂光怪之史乘，以成此妍丽完好之景象。”

另外，本篇首句“至人有名利无有哉？有可以全真者无有哉？”乃模仿《庄子·至乐》首句“天下有至乐无有哉？有可以活身者无有哉？”

卖菜者言

长安之市有异人焉，髯舞发鬌[①]，面目焦黧，衣弊肤见，肘绝踵决，何儋而行，歌且呼曰："昔南风之薰兮，解吾民之忧愠。今飒飒飕飕[②]之疾兮，苦元元以不得息。予既颁白之叜[③]兮，何时衣帛[④]苏[⑤]吾负。晨鸡叫，我起床。恂恂[⑥]视吾圃，苗长曾未央。拔菜洗之，枯者舍之。实满吾筐。载歌载熙。鼌[⑦]出莫归，售菜傷[⑧]米。无老妻，其谁依？"全真子异之，就而问焉，曰："若何怀而歌悽其[⑨]？女其接舆与？"丈人睨之，不答。复歌曰："子不见夫春华乎？子不见夫秋蓬乎？子不见夫兰池之骋兮？人生鼌露且遂乐兮[⑩]！"全真子曰："恉[⑪]婉而音转，必君子也。"趍[⑫]而揖之，曰："聆夫子之歌，盖有道人焉，何为以贱役自污哉？"于是丈人说其挩[⑬]何，理其髯，吠

---

① 鬌(duǒ)：头发美好的样子。

② 飕：风雨暴疾。

③ 叜(sǒu)：古同"叟"。《说文》："老也。"

④ 衣帛：唐朝前期实行租庸调制度收取赋税，其中输绢2丈、绵3两(或布2丈4尺、麻3斤)，称为调。故本文中"衣帛"代指赋税。

⑤ 苏：缓解，解除。

⑥ 恂恂：小心谨慎的样子。

⑦ 鼌(zhāo)：通"朝"，早晨。

⑧ 傷(yì)：交易，交换。

⑨ 悽其：同"凄其"，出自《诗·邶风·绿衣》："絺兮绤兮，凄其以风。"寒凉貌，形容歌声悲凉伤感。

⑩ 人生鼌露且遂乐：此句意为人生短暂，应当及时行乐。

⑪ 恉(zhǐ)：意旨，意图。《说文》："恉，意也。"

⑫ 趍：古同"趋"。快走，小步紧走。

⑬ 挩(tuō)：解脱。《说文》："挩，解挩也。从手，兑声。"

然[①]而笑曰："姬！鱼语女[②]而未尝至于海若之门乎？何言之鄙也？今夫天下尽卖也，子卖其亲者有之，妻卖其夫者有之，弟卖其兄者有之，奴卖其主者有之，分灭礼失，而上下交卖不计矣。信绝恩断，而朋友交卖不耻矣。浸假[③]至于客虎狼引盗跖以触其里。"曰："悳[④]，我而已矣。夫何往而非卖也，彼其所儌觊[⑤]，利也，其所卖去，义也。而吾独以卖菜全吾义，众人以亏形为辱，吾以亏义为辱。吾长于圃，习于圃，尻[⑥]处于圃，衣食于圃。吾无妻子，爱圃似妻，视菜似子，灌之溉之粪之抉之，年齿耄[⑦]矣，而知不外圃，因得自糊，不拙不贮，饱食鼓腹，而歌乌乌[⑧]。吾颂[⑨]唯黧，吾怀唯莹，吾衣则弊，吾真未弛，吾须发蓬蓬。而念虑清寂于中，莫能以己之皭皭[⑩]容物之混污。夫我见黄金之镐铄，琨瑶之晶霞，间未尝不瞿瞿[⑪]于心也，反而顾吾筐之青青，则非分之想逝矣。今夫志鹄而扞[⑫]弓，则二五之数不计矣，非二五之计难也，欲鹄之心乱之也，今之人岂不釆[⑬]于义哉？然而卖之者，好利之心汩之也，向使利绝而义完矣，惟利之中人甚深，斯人之卖其家国，并及其身而弗自觉也。悲夫！且吾尝于卖菜而获言矣，彼茁者葭，薅[⑭]其莠而培其菁，将之似赤子，则秀发而充肥，不及市而罄，藉令疏护持，简粪洒，虽亦生长，枯焦萎弊，其味苦涩，抑贾不售也。今人之于世

① 呔(tǎi)然：指说话带外地口音的样子。

② 姬(jū)！鱼(wǔ)语女：出自列子《冲虚经·黄帝第二》："姬！鱼语女。凡有貌像声色者，皆物也。"意为："坐下！我告诉你。"

③ 浸假：逐渐。出自《庄子·大宗师》："浸假而化予之左臂以为鸡，予因以求时夜；浸假而化予之右臂以为弹，予因以求鸮炙；浸假而化予之尻以为轮，以神为马，予因以乘之，岂更驾哉！"郭象注："浸，渐也。"成玄英疏："假令阴阳二气，渐而化我左右两臂为鸡为弹，弹则求于鸮鸟，鸡则夜候无时。"后多用为逐渐的意思。如梁启超《论中国积弱由于防弊》："古者科举皆出学校，教之则为师，官之则为君。汉、唐以降，犹采虚望，后世虑士之沽名，官之徇私也，于是为帖括诗赋以锢之，浸假而锁院，而搜检，而糊名，而誊录，而回避。"

④ 悳(dé)：同"德"。

⑤ 儌(jiǎo)觊(jì)：非分希冀。儌，通"侥"。

⑥ 尻(kāo)：屁股，脊骨的末端。引申为坐。

⑦ 耄(mào)：年老。

⑧ 乌乌：同"呜呜"，歌呼声。

⑨ 颂：《说文》："从页(xié)，公声。"从"页"的字一般与"头"有关，本义为容貌、仪容。

⑩ 皭皭(jiào jiào)：洁白貌。

⑪ 瞿瞿(jù jù)：惊顾貌。如《新唐书·吴凑传》："凑为人强力劬俭，瞿瞿未尝扰民。"

⑫ 扞(hàn)："捍"的古字，本义为抵御、保卫。

⑬ 釆(biàn)："辨"的古字。像兽爪分别之形，义为辨别。

⑭ 薅(hāo)：拔除。

亦然矣，顺其性而陶育之，无贼其天，无累于物，斯足以全谊于俗流，树节于季世矣。今吾窥人之心，窈然洞黑，如胶如漆，性失不可复还，义卖不可复得，故行人世，如游鬼市，顾瞻周道，中心怛兮，子不尝窥吾圃乎？秀发充肥者，弥望皆是也。然以觇[①]人，何枯焦萎弊者之多也？休矣，子无长盗吾言也。”揭僋大步歌而去。

本篇发表于沪江大学《天籁报》第4卷第2号（1916年6月出版），应该也是徐志摩研读庄子后的仿作。庄子乃楚庄王后裔，其家族在楚悼王或肃王时，离楚流亡到宋，落脚于中原小国的自然荒野，沦落为平民，与民间草根人物和草木禽兽为友。因此《庄子》常在草根人物和草木虫鱼身上发现出人意表的深刻思想。他挖掘了身怀绝技、智慧过人的厨师、工匠、船夫、渔夫，以及做车轮、驾马车、游泳的高手。这一脉的传统也被少年徐志摩所继承，这里的卖菜者，就是类似于庄子笔下的庖丁、轮扁一类的草根智者。

本篇仍然采用问答体，但以卖菜者唱主角。作者通过卖菜者种菜卖菜的原理以喻世，表达对现实的不满。

“今夫天下尽卖也，子卖其亲者有之，妻卖其夫者有之，弟卖其兄者有之，奴卖其主者有之，分灭礼失，而上下交卖不计矣。信绝恩断，而朋友交卖不耻矣。”是讲世道之混浊衰微。这个句式则模仿《庄子·骈拇》:“天下尽殉也。”“自三代以下者，天下莫不以物易其性矣！小人则以身殉利；士则以身殉名；大夫则以身殉家；圣人则以身殉天下。故此数子者，事业不同，名声异号，其于伤性以身为殉，一也。”

“而吾独以卖菜全吾义，众人以亏形为辱，吾以亏义为辱。”“夫我见黄金之镐铄，琨瑶之晶霞，间未尝不瞿瞿于心也，反而顾吾筐之青青，则非分之想逝矣。”等句是讲种菜使自己摆脱利欲之心。

但有些话语却很难想象是出自涉世未深的少年笔下。“今吾窥人之心，窈然洞黑，如胶如漆，性失不可复还，义卖不可复得，故行人世，如游鬼市。”像这样的句子必有其来历，且待日后考证。

① 觇(chān)：窥探。

渔樵问答

北海之渔人与西山之樵父邂逅于孟诸之野①。渔人曰：吾闻南冥有鱼，吞舟不并颚，其厖②莫得而度也，吾试往钓之，而子何为焉。樵父曰：子徐行，方今秦鹿复纵，天下傍徨，白刃交挥，蝮虵③满道。吾樵于深山，不得片庐而讬处④焉，遗儋⑤弃樵徒跣而逃，进子于此，请得席地而谭⑥邹衍之天⑦，且子试言其数矣。渔人曰。古之善钓者詹何⑧，以芒鍼⑨为鉤⑩。绕兰丝于荆条，临百仞之渊，而掇⑪盈车之鱼。毋它，其志专，其神壹，扫百虑而惟钓之是知，匠石之运斤也⑫，宗载之学射也，斯钓之圣矣。蟠溪之钓⑬则

---

① 亦作“孟猪”。亦作“孟潴”。古泽薮名。

② 厖(máng)：大。

③ 虵：同“蛇”。

④ 讬处：安身；栖止。

⑤ 儋：古同“担”，负荷。

⑥ 谭：同“谈”。

⑦ 邹衍之天：典故，出自《史记·孟子荀卿列传》：“驺衍之术迂大而闳辩；奭也文具难施……故齐人颂曰：‘谈天衍，雕龙奭。’”邹，通“驺”。

⑧ 詹何钓鱼：典故，出自《列子·汤问》：“詹何以独茧丝为纶，芒针为钩，荆筱为竿，剖粒为饵，引盈车之鱼于百仞之渊、汩流之中，纶不绝，钩不伸，竿不挠。”

⑨ 鍼：同“针”。

⑩ 鉤：同“钩”。

⑪ 掇：拾取。

⑫ 匠石运斤：典故，出自《庄子·徐无鬼》：庄子送葬，过惠子之墓，顾谓从者曰：“郢人垩幔其鼻端，若蝇翼，使匠石斫之。匠石运斤成风，听而斫之，尽垩而鼻不伤，郢人立不失容。宋元君闻之，召匠石曰：‘尝试为寡人为之。’匠石曰：‘臣则尝能斫之。虽然，臣之质死久矣。’自夫子之死也，吾无以为质矣！吾无与言之矣。”

⑬ 蟠溪之钓：相传姜尚姜太公垂钓的典故发生在蟠溪。

殊矣，身寄渚湄之间，而内怀宇宙之观，目不出乎清波，志有存于王佐，临江持竿，旷日无一鱼之获。而熊飞既协，青简传尚父之名，钓而不钓，斯天下之大钓也。淮阴之钓[①]，所以鸣侘傺[②]也。

韦衣[③]之钓，所以寄闲情也。夫渔一也，而所以为渔贰矣。自我为渔人十五年，吾迹甚恢，河海之大，涧流之细无不历焉。多识于鳞介[④]贝鳍之族，然而上不敢窥娟环之数，旁亦无古人之怀，吾是以耻也。樵夫曰：嘻，子休矣。乌用是高淼为哉，今吾语子以伐木之道。吾自童穉[⑤]之年，首笠足屩[⑥]，儋亏肩斤于背，披荆棘，跋危崖，至于贯深林昏闇[⑦]不可覩物，或有所犯，流血甚楚。间猛兽来袭我，赖矫捷，得不死。归家悸悸请亏长愿它从事[⑧]曰：童子毋嘫（语声也），即谓樵采苦邪？世涂崎岖，不若山径之平敭[⑨]，人情险巇[⑩]。有如狼豹之爪牙且予向，不为樵填沟洫久矣。于是余终岁在山间，迄于今数十年，昔之所苦，今也乐之。志怀清洁，不介外物，俛（同“俯”）印（古同“仰”）歗歌。我乐天趣，峭壁可得而援也，虎豹可得而弄也。然转而视人，怵然[⑪]顾却，康庄[⑫]不足坦，王侯不足傲，吾其依山终矣。夫孰知黪黪[⑬]云雾，荒陬如髦，漉池竭泽，毒徧[⑭]神州，吾是以捐[⑮]儋去樵，徒跣而逃也。渔人曰：“虽然，子且奚适哉？”曰：吾行苍苍，不禔[⑯]焉往，吾跙[⑰]人而恶世，吾其求无人之乡而献身矣。渔人曰：吾岂长耐此浊世呼，子其遁首阳[⑱]而吾蹈东海矣。

---

① 淮阴之钓：相传“淮阴侯”韩信曾在淮阴垂钓，然而和姜太公不同，他当年并未得到重用。
② 侘傺（chà chì）：形容失意的样子。
③ 韦衣：皮制的上衣。古时多为山野之民所服。这里用韦衣指代山野之民。
④ 鳞介：泛指有鳞和介甲的水生动物。
⑤ 穉：同“稚”。
⑥ 屩（juē）：草鞋。
⑦ 闇：同“暗”。
⑧ 此处原文疑有缺漏。
⑨ 敭：同“扬”。
⑩ 巇（xī）：险之意。
⑪ 怵（chù）然：害怕的样子。
⑫ 康庄：谓宽阔平坦。《史记・孟子荀卿列传》：“自如淳于髡以下，皆命曰列大夫，为开第康庄之衢。”
⑬ 黪黪（cǎn cǎn）：黯淡的样子。
⑭ 徧：同“遍”。
⑮ 捐：舍弃。
⑯ 禔（tí）：安享。
⑰ 跙（què）：恐惧也。
⑱ 首阳：山名。一称雷首山，相传为伯夷、叔齐采薇隐居处。

本篇发表于沪江大学《天籁报》第4卷第2号(1916年6月出版)。

陈从周在1981年8月3日所作《记徐志摩》一文中称，他于1947年曾从张幼仪手中得到两本徐志摩的手稿，上书《志摩随笔》、《志摩日记》，其中包括徐志摩读《楚辞》、《说文》的札记。陈从周说，“他骈文写得很好，可惜无传，从这些笔记中看出他是下过工夫的。”可以推测，如果有《楚辞》、《说文》的札记，徐志摩必定也会有研读《庄子》以及其他古籍经典的札记。这些札记都透露出徐志摩少年时卓有成效的学习方法。

这些只是1911年徐志摩15岁时的学习情况，后面4年的学习内容必定更加丰富、更加深邃。《渔樵问答》、《卖菜者言》、《论臧谷亡羊事》三篇处处闪现庄子的智慧灵光，应该是徐志摩在反复精读《庄子》后的仿作和创作。

《渔樵问答》从体例、取象到句式，都模仿《庄子》。问答体是古代诗赋创作中使用的一种重要体例，它的源头实际上可以追溯到《庄子》。《庄子》一半以上的篇幅是以对话的形式展开的。而从文中塑造的两个人物来看，都类似庄子喜爱的民间草根智者。渔人开始似乎满怀乐观向往，有进取之心。历数历史上的詹何之钓、蟠溪之钓、淮阴之钓、韦衣之钓而自愧不如，因此要往南冥试钓吞舟大鱼。而得到的却是樵父的一瓢冷水。因为樵父原先在山间采樵，还悠然自得，孰知“方今秦鹿复纵，天下傍徨，白刃交挥，蝮虵满道”，“黪黪云雾，荒陬如髦，漉池竭泽，毒徧神州”，“不得片庐而讬处焉”，所以他要“捐儋去樵，徒跣而逃也”。

显然，少年徐志摩在模仿《庄子》的行文并受到庄子思想熏陶的同时，还是将当时他所感受到的时代氛围带入了自己的笔下。

中華民國五年十一月

天籟

孝胥

第四卷第三號

滬江大學校

天籟報社印行

天籟報社職員表

社長　陸麟書

副長　賴祖光

漢文書記　徐志摩

西文書記　戚正成

幹事　朱博泉

司庫　沈文鴻

校內銷報員　鄭世察　施振林

漢文總主筆　林朝翰

漢文主筆　陸麟書　徐摩志　沈文鴻　祝莊華　徐民謀

西文總主筆　李　達

西文主筆　虞秉榮　劉頤年　戚正成　胡駁騏　林光棠

本報每季出版一册全年四册由滬江大學天籟報社發行報資每册大洋兩角全年八角郵費在外購報者函寄本社幹事朱博泉接洽報資先惠空函恕復

刊登廣告價目表

廣告	全面	半面	方面
全年	十二元	七元	四元
半年	七元	四元	二元
一册	四元	二元	一元

天籟報目錄

心爲起惑之門人心惟危道心惟微業滋惑遂畔道離眞何以拯之是在能發何以成發言挹其機塵垢塞虛發以見眞惟機玄妙索之毋形是在求先天之知何謂先天謂心超於天地未生之先出色遠相晶瑩無染能發此心五賊毋礙五賊者五塵也色聲香味觸因緣自外着心生障物未掣心心自累物故見賊之元者其性自明眩賊之表者胥溺其眞是以絕利一源用師十倍三返晝夜用師萬倍是善發之功也何以言之破妄顯眞殺賊鋤盜舒而汰之舉而滅之何謂晝夜晝喩明達燭奸之資夜喩闃寂定以歛神動靜相輔以導發機楞嚴經云當初發心方左我相中見何勝相頓捨世間恩愛勝相道也恩愛物也捨物趨道惟在能發發之大者足以窮造化之極化物我之限大用見前人莫能測發之小者亦足以免物累宅中正毋惑於是非毋屈於境遇爲人之道盡之矣夫子之贊顏回也曰退而省其私亦足以發一志凝慮止止善悟發之道盡之矣

嘗試論之發之反爲蒙眞之背爲謟悟之對爲惑性之敵爲物日月之明浮雲蒙之精神欲發嬈思遏之良心將見欲氣塞之失其元常認賊爲子今人之病在於蒙而不發謟而不眞惑而不語暱物以遠性所以致其然者惟心之用夫方寸靈台玄妙天一芒芒乎窈窈焉律

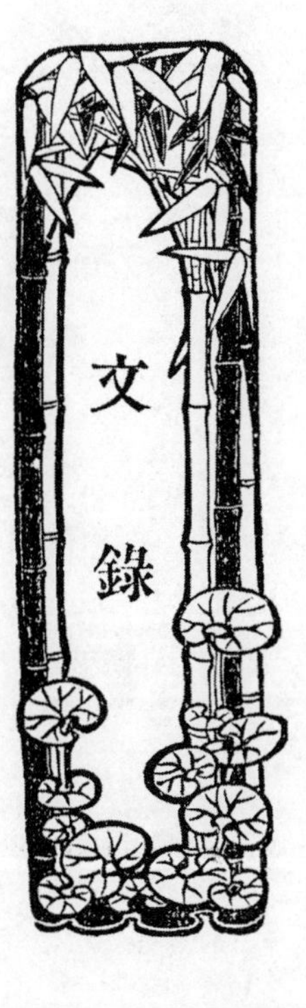

說發篇一

徐章垿

發。說文从弓从癹聲。射也。癹从殳从癶。癶六書本義兩足張。有所撥除也。玉篇訓發進也。廣韻訓發舒也。釋詁訓發舉也。曰射曰進曰舒曰舉其義不外邁致闡闢引覆去蒙陰符經曰天發殺機移星易宿地發殺機龍蛇起陸人發殺機天地反覆天人合發萬變定基夫機隱微難見參於天地窺道之根玄牝之門機之動主於變致理闡微眞原乃見更名易位道心是睎天地不自發待人以發之匪天地之發以發人之發即人之發以發天地之發然後旁通無礙鼇物超色莫之夭閼經云一人發眞歸元十方虛空盡皆銷殞而况參天地之變蓍精一之神以致知而明性也哉

人盜萬物萬物亦盜人人賊萬物萬物亦賊人何以言之物在外因色以引意即相以牽識人在內攬物以充虛積妄以昧眞疽發於體時決而潰火生於木禍動必尅身爲造業之體

也。瞽盲而辟支也。僇爲木鐸之發聵。作說發篇一。

說發篇一既竟。志摩自讀其文。爲聲調鏗鏗也。竊又疑曰。余之言。佶屈而厖雜。驟無可揭其領。間作釋氏玄空之說。或爲老莊浮妙之談。而毋所實踐。竊恐今之學子。讀吾文而河漢之。嗤笑之曰。是妄人之言。爾棄之不爲意。則志摩且釋卷儃佩。自悲其用心孤詣。而於人毋所啓發。抑又悲人之性眞胝殞。攬殷鑒而罔窺。蔑忠告爲腐言。爲可痛惜也。雖然。世豈無復知音。志摩竢之而已。抑志摩言便便如此。而自懼隕越。毋所發。則是深愿與諸君子共勉共進者也。

歷所不能契然至於極則以之爲神聖爲善人爲奸慝爲魑魅世之庸人從而贊之曰聖賢之心如此也姦宄之心如彼也此亦一心也彼亦一心也是舉天下而有無數等量之心也是豈知言哉今有千百鏡於此其爲形或大或小或圓或方或明淨或塵蔽或光絜或麤闇是以其所照形亦復不相等倖夫鏡所以照形其不同者蓋人爲之也心所以制物其不同者亦人爲之也今鏡有所蒙則發其垢而已矣奈何人心之鬱孛而不謀所以發之者邪養心制物惟聖人能之束心遠物常人所可幾也今人操物自染而忘其眞視而可見者形與色也聽而可聞者名與聲也形色之不遂謀所以發之名聲之不至謀所以發之而獨忽於心譬之斫根而求枝葉之茂絕源而望流澤之長倍本喪元烏可得哉且夫得失之頃眞僞之際直一息之間耳黃帝遺玄珠於赤水離朱喫詬莫能索而象罔得之玄珠者元知也知昧於內匪可求於形以外使象罔者明相妄也一念之聽而玄珠在抱是玄珠固未嘗有得失而人自爲其得失爾悲夫世人以形色名聲爲足以得彼之情夫形色名聲果不足以得彼之情在在以自蒙自惑而卒無以自發也渾沌以渾沌而生七竅既鑿而死多見夫自鑿以趣死者矣未聞自發以求生者也全眞子聞眊目世變竊竊然憂曰是烏可衆醉而獨醒

卒業　預科卒業者九人。致辭者江蘇黃教育長美領事。儀式竘然。蹡蹡蹌蹌。維其盛哉。

交誼　新雨聯來。言切友誼。雅歌妙謔。俱陳並奏。復有嘉果。忻然美厭。貺我者誰。青年君子。

教席　葛先生離吾校而往白下。者先生自美國來歸。一失一得。一憂一喜。更有李特先生。相得益彰矣。

新厦　李先生住宅告成。

醫院　本校謀建醫院。濟窮利衆。美國善士捐來五千元。又向校友籌措千元。現既勼工從事。今冬可以落成。主院事者。雷醫生也。

悼逝　謝洪賚先生。一代名人。吾華國士。中年崩逝。梁木竟摧。吾儕敬仰先哲。特爲開會追悼。請青年會李啓藩先生演述先生歷史。聞者悲喟。益歎天之將喪斯文也。

國慶　吾華共和。死而復蘇。元凶既逝。家國之祜。爰用提燈。以誌慶祝。歡呼騰天。民國永固。懿其休哉。共和萬歲。

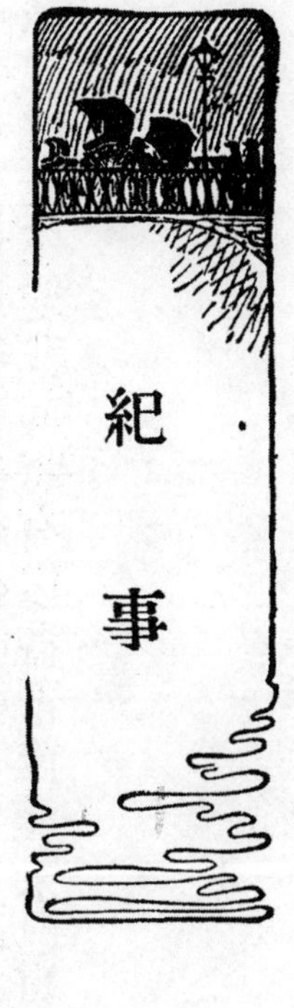

滬江春秋

徐章垿

送別　魏博士且歸國。作送別會。學生曼歌。不勝戀戀。先生訓之辭。其言諄諄宛摯。學生感喻奮作。復歌洋洋盈耳也。越十五日。先生首涂舉校送之。爲之挽車。徐歌而行。詩曰。泰山巖巖。魯邦所瞻。斯之謂矣。

歡迎　博士既去。承其乏者董景安先生。和易勤摯。衆望是孚。迺舉會以歡迎之。笑語駢臻。以殷以洽。既見君子。德音孔膠。

展覽　青年會設肆。斐然成章。以利用也。

辯駁　休業前一夕。舉行常年辯駁會。題爲中國應采用保護貿易制度。反辯得焉。勝辯槃。大言炎炎。足以概一時之盛。已平議者余先生日章。朱先生友漁。及青年會之羅格馬先生。

送魏校長歸國序

徐章垿

去鄉土萬里越重洋來異國誨人不倦毋惜辛苦卷利己之心抱救人之念斯其德音之在人不以深虖況於叔世頹風道德淘淘曾有狂瀾莫挽之歎迺有君子者礪身作則熱血感人前弊務盡樹德務滋如吾魏校長者足以當之而無愧矣先生温温長者望之也威接之也穌訥然如不能言而情意眴摯循循善誘雖不良亦已化矣始先生未來是土荒濱艸原浪濤濺漬沙鷗海鳥時復出沒星芒漁火相與輝照先生獨勞心焦慮施意經營數年之間蔚然美備廣廈連峙學子輿來建始有方守成兼理所成者豈獨闢荒陬除艸萊之功邪撥盲心而滌汙思治璞冶金括垢磨光大德在人可勝量哉今先生且歸國穉鳥依母不勝戀系之忱先生愛我其將有以益吾後進未已也

说发篇一

发[①],《说文》从弓,从癹声,射也;癹,从殳,从癶;癶,六书本义两足张,"有所拨除也"。《玉篇》训发,"进也"。《广韵》训发,"舒也"。《释诂》训发,"举也"。曰射,曰进,曰舒,曰举,其义不外迈致阐辟[②],引覆去蒙。《阴符经》[③]曰:"天发杀机,移星易宿;地发杀机,龙蛇起陆;人发杀机,天地反覆;天人合发,万变定基。"夫机,隐微难见,参于天地,窥道之根,玄牝[④]之门,机之动,主于变,致理阐微,真原乃见,更名易位,道心是睎[⑤]。天地不自发,待人以发之,匪天地之发,以发人之发。即人之发,以发天地之发,然后旁通无碍,蠢物超色,莫之夭阏[⑥]。《经》[⑦]云;一人发真归元,十方虚空,尽皆销殒[⑧]。而况参天地之变,荟精一之神,以致知而明性也哉!

人盗万物,万物亦盗人;人贼万物,万物亦贼人。何以言之?物在外,

---

① 发:繁体字作"發"。

② 阐辟:开辟,发展。

③ 《阴符经》:全称《黄帝阴符经》,是唐朝著名道士李筌在河南省境内的登封嵩山少室虎口岩石壁中发现的,此后才传抄流行于世。

④ 玄牝(pìn):道教及修真术语。语出《老子·六章》:"谷神不死,是谓玄牝:玄牝之门,是谓天地根,绵绵若存,用之不勤。"具体所指其说非一,有天与地、鼻与口、上与下、父精与母血和肾、元神、黄庭中丹田、心之左右二窍等诸说。

⑤ 睎(xī):仰慕、希望。

⑥ 莫之夭阏(è):阏,阻塞。夭阏:又写作"夭遏",意思是遏阻、阻拦。出自庄子《逍遥游》:"而后乃今培风,背负青天而莫之夭阏者,而后乃今将图南。"陆德明《释文》引司马彪云:"夭,折也;阏,止也。"

⑦ 《经》:指《楞严经》,是大乘佛教经典,全名《大佛顶如来密因修证了义诸菩萨万行首楞严经》。唐般剌密谛传至中国,怀迪证义,房融笔受。印顺法师认为它与《圆觉经》、《大乘起信论》属于晚期如来藏真常唯心系的作品。由于《楞严经》内容助人智解宇宙真相,古人曾有"自从一读楞严后,不看人间糟粕书"的诗句。

⑧ 《楞严经》原文为:"汝等一人,发真归元。此十方空,皆悉销殒。"或为徐志摩引用之时略作改动。

因色以引意，即相以牵识；人在内，搅物以充虚，积妄以昧真。疽发于体，时决而溃，火生于木，祸动必克。身为造业之体，心为起惑之门。人心惟危，道心惟微。业滋惑遂，畔[①]道离真。何以拯之？是在能发。何以成发？言挹[②]其机，尘垢塞虚，发以见真。惟机玄妙，索之毋形，是在求先天之知。何谓先天？谓心超于天地未生之先，出色远相，晶莹无染，能发此心，五贼毋碍。五贼者，五尘也：色、声、香、味、触。因缘自外，着[③]心生障。物未掣[④]心，心自累物，故见贼[⑤]之元者，其性自明，眩[⑥]贼之表者，胥溺其真。是以绝利一源，用师十倍，三返昼夜，用师万倍，是善发之功也。何以言之？破妄显真，杀贼锄盗，舒而汰之，举而灭之。何谓昼夜？昼喻明达，烛奸之资；夜喻阒[⑦]寂，定以敛[⑧]神，动静相辅，以导发机。《楞严经》云：当初发心，方左我相，中见何胜相，顿舍世间恩爱，胜相道也[⑨]。恩爱，物也，舍物趋道，惟在能发。发之大者，足以穷造化之极，化物我之限，大用见前，人莫能测；发之小者，亦足以免物累，宅中正，毋惑于是非，毋屈于境遇，为人之道尽之矣。夫子之赞颜回也，曰："退而省其私，亦足以发。"一志凝虚，止止善悟，发之道尽之矣。

尝试论之，发之反为蒙，真之背为譌[⑩]，悟之对为惑，性之敌为物。日月之明，浮云蒙之；精神欲发，娆[⑪]思遏之；良心将见，欲气塞之。失其元常，认贼为子，今人之病，在于蒙而不发，讹而不真，惑而不语，暱物以远性。所以致其然者，惟心之用。夫方寸灵台[⑪]，玄妙天一，芒芒[⑫]乎，窈[⑬]窈焉，律历所

① 畔：通"叛"。背叛，叛变。

② 挹：古同"抑"，抑制，谦退。

③ 着：附着；加……于上。

④ 掣：牵制，控制。

⑤ 贼：祸害。

⑥ 眩（xuàn）：《说文》："从目，玄声。本义：眼花，看不清。"

⑦ 阒（qù）：寂静。

⑧ 敛：聚集。

⑨ 《楞严经》原文为："当初发心，于我法中，见何胜相，顿舍世间，深重恩爱。"或为徐志摩略有变动，或为排版者之误。

⑩ 譌（é）：同"讹"。

⑪ 娆（rǎo）：烦忧，扰乱。

⑪ 灵台：指心，心灵。

⑫ 芒芒：广大辽阔貌。

⑬ 窈：《说文》："窈，深远也。"

不能契[1]。然至于极，则以之为神圣，为善人，为奸慝[2]，为魑魅[3]。世之庸人从而赞之曰：圣贤之心如此也；奸仇之心如彼也。此亦一心也，彼亦一心也。是举天下而有无数等量之心也，是岂知言哉？今有千百镜于此，其为形或大或小，或圆或方，或明净或尘蔽，或光洁或麤[4]闇[5]，是以其所照形，亦复不相等侔[6]。夫镜所以照形，其不同者，盖人为之也；心所以制物，其不同者，亦人为之也。今镜有所蒙，则发其垢而已矣，奈何人心之郁埻[7]，而不谋所以发之者邪。养心制物，惟圣人能之；束心远物，常人所可几也。今人操物自染，而忘其真，视而可见者，形与色也；听而可闻者，名与声也。形色之不遂[8]，谋所以发之；名声之不至，谋所以发之，而独忽于心。譬之斫[9]根而求枝叶之茂，绝源而望流泽之长，倍[10]本丧元，乌可得哉？且夫得失之顷，真伪之际，直一息之间耳。黄帝遗玄珠于赤水[11]，离朱喫[12]诟莫能索，而象罔得之。玄珠者，元知也，知昧于内，匪可求于形以外。使象罔者，明相妄也，一念之聪，而玄珠在抱。是玄珠固未尝有得失，而人自为其得失尔。悲夫！世人以形色名声，为足以得彼之情。夫形色名声，果不足以得彼之情，在在[13]以自蒙自惑，而卒无以自发也。浑沌以浑沌而生，七窍既凿而死。多见夫自凿以趣[14]死者矣，未闻自发以求生者也。全真子间眊[15]目世变，窃窃然，犹曰，是乌可

---

① 契：通“栔”，用刀刻。《说文》：“栔，刻也。”

② 奸慝(tè)：亦作“姦匿”、“奸慝”，指奸恶的人。

③ 魑魅(chī mèi)：古谓能害人的山泽之神怪，亦泛指鬼怪。

④ 麤(cū)：同“粗”。

⑤ 闇(àn)：同“暗”。

⑥ 侔(móu)：等同。《说文》：“侔，齐等也。”

⑦ 埻：尘也，一曰尘起貌。

⑧ 遂：顺，如意。

⑨ 斫(zhuó)：大锄；引申为用刀、斧等砍。

⑩ 倍：通“背”，反向。

⑪ 黄帝遗玄珠于赤水：此典故出自《庄子外篇·天地》：“黄帝游乎赤水之北，登乎昆仑之丘而南望，还归，遗其玄珠。使知索之而不得，使离朱索之而不得，使契诟索之而不得也。乃使象罔，象罔得之。黄帝曰：‘异哉！象罔乃可以得之乎。’”

⑫ 喫：疑作“契”。

⑬ 在在：处处；到处；各方面。

⑭ 趣：通“趋”，靠近。

⑮ 眊(mèi)：眼睛看不清楚，引申为糊涂。

众醉而独醒也，群盲而辟支[①]也。憀[②]为木铎[③]之发，瞶[④]作《说发篇一》。

《说发篇一》既竟，志摩自读其文，为声调铿铿也，窃又疑曰："余之言，佶屈[⑤]而庞杂[⑥]，骤无可揭其领，间作释氏玄空[⑦]之说，或为老庄浮妙之谈，而毋所实践。"窃恐今之学子，读吾文而河汉[⑧]之，嗤笑之，曰是妄人之言尔！弃之不为意，则志摩且释卷傗佩[⑨]，自悲其用心孤诣[⑩]，而于人毋所启发，抑又悲人之性真胝[⑪]殒，揽殷鉴而罔[⑫]窥，蔑忠告为腐言，为可痛惜也。虽然，世岂无复知音，志摩竢[⑬]之而已。抑志摩言便便[⑭]如此，而自惧陨越毋所发，则是深愿与诸君子共勉共进者也。

本篇发表于沪江大学《天籁报》第4卷第3号（1916年11月出版）。此文当是在研读《说文》、《玉篇》、《尔雅》等字书、辞书，以及道家《阴符经》、佛教《楞严经》原文的基础上写成的，足见徐志摩当时阅读兴趣之多元，涉猎之广。

文中以"发"为枢纽，混融儒道佛三家的思想，表达出发蒙去惑，破妄显真，养心制物的精神追求。

《阴符经》被称为"古今修道第一真经"，共有三四百字，蕴含中华民族政道、治道、兵道、仙道的智慧思想源流，书中多隐喻，论述养生、政道、兵略思想时，融合易、老、阴阳、法、兵等诸家思想，是一部独步古今的经典之作。因此诸葛亮、李筌、朱熹等人曾先后为《阴符经》作注。朱熹更赞其"非深于道者不能作"。

《楞严经》，佛教经典。又称《首楞严经》、《大佛顶经》、《大佛顶首楞严经》、《中印度那烂陀大道场经》，全称《大佛顶如来密因修证了义诸菩萨万行首楞严经》。古人曾有"自从一读楞严后，不看人间糟粕书"的诗句。

---

① 辟支：即辟支迦佛陀。《佛学常见辞汇》："辟支迦佛陀简称辟支、辟支迦佛、辟支佛等，华话为缘觉，或独觉，因观飞花落叶或十二因缘而开悟证道，故名缘觉，又因无师友之教导，全靠自己之觉悟而成道，故又名独觉。"

② 憀（liáo）：寄托，依赖。

③ 木铎（duó）：以木为舌的大铃，铜质。古代宣布政教法令时，巡行振鸣以引起众人注意。

④ 瞶（guì）：古通"愦"，昏愦，糊涂。此处为徐志摩谦虚之辞。

⑤ 佶（jí）屈：曲折。

⑥ 庞（máng）杂：混乱驳杂。庞，石头大的样子，古通"龙"，意为丰厚，厚重。

⑦ 玄空：为易学词语，谓无行之道。

⑧ 河汉：比喻浮夸而不可信的空话，转指不相信或忽视。

⑨ 傗佩：《玉篇》："傗佩，不伸。"

⑩ 孤诣（yì）：独到的修养，多指品德学识。

⑪ 胝（zhī）：手脚掌上的厚皮，俗称茧子。

⑫ 罔：通"惘"，迷惑，失意。

⑬ 竢（sì）：同"俟"，等待。

⑭ 便便：形容言语明白流畅。

沪江春秋

送别　魏博士且归国，作送别会。学生曼[①]歌，不胜恋恋。先生训之辞，其言谆谆宛挚。学生感喻奋作，复歌洋洋盈耳也。越十五日，先生首涂[②]，举校送之，为之挽[③]车，徐歌而行。诗曰："泰山岩岩，鲁邦所瞻。"斯之谓矣。

欢迎　博士既去，承其乏者。董景安先生，和易勤挚，众望是孚。迺[④]举会以欢迎之。笑语骈臻[⑤]，以殷以洽，既见君子，德音孔胶[⑥]。

展览　青年会设肆，斐然成章，以利用也。

辩驳　休业前一夕，举行常年辩驳会，题为："中国应采用保护贸易制度"。反辩得焉，胜辩槃槃[⑦]，大言炎炎，足以概一时之盛已。平议者[⑧]余先生日章、朱先生友渔，及青年会之罗格马先生。

卒业　预科卒业者九人，致辞者江苏黄教育长[⑨]、美领事，仪式竘然[⑩]，跻

---

① 曼：本义为"长"，又如《淮南子·泛论》："侯同曼声之歌。"

② 首涂：启程，上路。

③ 挽：拉，牵引。

④ 迺(nǎi)：同"乃"。

⑤ 骈臻：并至，一并到来。

⑥ 出自《诗经·隰桑》。"德音孔胶"，郑笺谓"君子在位，民附养之，其教令之行甚坚固也。"以教令释德音。

⑦ 槃槃：快乐。

⑧ 平议，即评议。

⑨ 黄教育长，指的是黄炎培。

⑩ 竘(qǔ)然：雄伟的样子。

跻跄跄[①]，维其盛哉！

交谊　新雨联来，言切友谊。雅歌妙谑，俱陈并奏。复有嘉果，忻然美厌。贶[②]我者谁？青年君子。

教席　葛先生离吾校而往白下，耆先生自美国来归[③]。一失一得，一忧一喜，更有李特先生，相得益彰矣。

新厦　李先生住宅告成。

医院　本校谋建医院，济穷利众。美国善士捐来五千元，又向校友筹措千元。现既勼[④]工从事，今冬可以落成。主院事者，雷医生也。

悼逝　谢洪赉先生[⑤]，一代名人，吾华国士，中年崩逝，梁木竟摧。吾侪[⑥]敬仰先哲，特为开会追悼。请青年会李启藩先生演述先生历史。闻者悲喟，益叹天之将丧斯文也。

国庆　吾华共和，死而复苏。元凶既逝，家国之祜[⑦]。爰用提灯，以志庆祝[⑧]。欢呼腾天，民国永固。懿其休哉，共和万岁！

本篇发表于沪江大学《天籁报》第4卷第3号（1916年11月出版）。

《沪江春秋》实际上是《天籁报》中文版的新闻栏目，原先叫《浸会乘》。作者一般是每一期的汉文书记。徐志摩担任了《天籁报》第4卷第3号汉文书记和汉文主笔，所以这一期的《沪江春秋》出自徐志摩之手。与其他汉文书记写的带有口语气息的其他几期《沪江春秋》相比，徐志摩的文笔显得很特殊，他用的是骈文写法，简朴古雅。

按照惯例，沪江新闻分主题列举，主要有送别、欢迎、展览、辩驳、卒业、交谊、教席、悼逝等项。这一年魏馥兰校长回国休假，由清末秀才、沪江大学第一位中

---

① 跻跻跄跄：人物众多貌。

② 贶（kuàng）：赏赐。

③ 葛先生指葛学溥，Daniel Harrison Kulp, II，布朗大学文学硕士，1913~1916年任沪江大学教授英文系主任，1916年回国，后又回到沪江大学任教，直到1923年；耆先生即耆荷福，Ernest Kelhofer，西北大学文学士、芝加哥大学硕士，1910年起在沪江大学任教直到1941年。

④ 勼（jiū）：聚集。

⑤ 谢洪赉（1873~1916），清末民初知名的中国基督徒翻译家、著述家。

⑥ 侪（chái）：等辈，同类的人们。

⑦ 祜（hù）：《说文》："此汉安帝名也。福也。"这里的元凶指的是袁世凯。1916年3月22日，袁世凯被迫取消帝制，恢复"中华民国"年号。6月6日，袁世凯因尿毒症不治而病逝，时年57岁。

⑧ 沪江大学以提灯游行庆祝国庆（1916年10月10日）。提灯游行在当时是很时兴的。

国籍教授、副校长董景安代理校长，所以两人分别被记入送别和欢迎项。

在此前的《天籁报》第4卷第2号上《沪江春秋》也有两条相关记载：

校长旋国：魏馥兰博士主持校事，五载以来，凡百振兴，成绩斐，遐迩叹美。今已期满，例当返美一行。同人等久受熏陶，情谊攸深，不忍恝然，乃于五月十六开欢送大会。公赠金匾一方，及金钱一枚，并镌幽兰怀馨四字于上。又于翌日合摄一影。以表爱忱，藉留纪念。首涂之日，尚拟全体恭送云。

优孟遗风：魏校长返国在即。特于五月五夕，演酒戒驯媛两剧，以壮行色。

送魏校长归国序

去乡土万里，越重洋来异国，诲人不倦，毋惜辛苦。卷利己之心，抱救人之念。斯其德音之在人，不以深虖。况于叔世颓风[①]，道德淘淘，曾有狂澜莫挽之叹。迺有君子者，砺身作则，热血感人，前弊务尽，树德务滋，如吾魏校长者，足以当之而无愧矣。先生温温长者，望之也威，接之也龢[②]。讷然如不能言，而情意昫挚[③]，循循善诱，虽不良亦已化矣。始先生未来是土，荒滨草原，浪涛溅溃，沙鸱[④]海鸟，时复出没，星芒渔火，相与辉照。先生独劳心焦虑，施意经营，数年之间，竘然美备[⑤]。广厦连跱[⑥]，学子兴来，建始有方，守成兼理。所成者岂独辟荒陬除草莱之功邪？拨盲心而涤污思，治璞冶金，括垢磨光，大德在人，可胜量哉！今先生且归国，穉鸟依母[⑦]，不胜恋系之忱。先生爱我，其将有以益吾后进未已也。

本篇发表于沪江大学《天籁报》第4卷第3号（1916年11月出版）。

徐志摩就读沪江大学的时间为1915年底至1916年底，前后约一年时间。期间，正赶上魏馥兰例行返美度假。徐志摩作《送魏校长归国序》为其送行。陈从

---

① 叔世：犹末世。衰乱的时代。
② 龢(hé)：通作“和”。
③ 昫(xù)：温暖的。
④ 鸱(chī)：古书上指鹞鹰。
⑤ 竘(qǔ)：雄伟；竘然，雄伟的样子。
⑥ 跱：同“待”。又疑作“峙”，高耸的样子。
⑦ 穉(zhì)：同“稚”。

周曾说过，徐志摩骈文写得很好，可惜无传。如今，《祀孔纪盛》和《送魏校长归国序》等文章的发现庶可弥补徐志摩骈文无传的缺憾。

2012年5月，魏馥兰校长的后代魏金龙(Tim White)来到上海，寻访祖父当年在沪江校园留下的足迹。在他的请求下，上海理工大学外语学院研究生施祥将徐志摩这篇赠序译成了英文。

译文如下：

Farewell to President White

After traveling thousands of miles from home, you have come to China to teach people with tireless zeal. As a paragon of virtue, you will be remembered for your selfless devotion to the cause of education. It is a matter of regret that the society has been declining its moral values. There are, however, men of integrity who solicitously help others and set a good example with their own conduct. Our President White is absolutely one of them. You teach with patience and skill, always showing understanding and sympathy. When you first arrived, there were only stretches of moorland along the river where seabirds flew. When night fell, both stars in the sky and lights on fishing boats were keenly shining. After years of your arduous work, big buildings are put up and a growing number of students are enrolled. The college thrives with your management. Your achievement is not only opening up the uncultivated land. What matters most is that you enlighten the people and improve the standards of morality. We are as attached to you as baby birds are to their mother. You are leaving for home now. Yet your love will benefit us for good.

中華民國五年十二月

第四卷 第四號

滬江大學校

天籟報社印行

天籟報社職員表

社長　陸麟書

副長　賴祖光

漢文書記　徐志摩

西文書記　戚正成

幹事　朱博泉

司庫　沈文鴻

校内銷報員　鄭世察　施振林

漢文總主筆　林朝翰

漢文主筆　陸麟書　徐摩志　沈文鴻　祝莊華　徐民謀

西文總主筆　李　達

西文主筆　虞秉棨　劉頤年　戚正戍　胡縣麒　林光棠

本報每季出版一册全年四册由滬江大學天籟報社發行報資每册大洋兩角全年八角郵費在外購報者函寄本社幹事朱博泉接洽報資先惠空函恕復

刊登廣告價目表

廣告	全面	半面	方面
全年	十二元	七元	四元
半年	七元	四元	二元
一册	四元	二元	一元

天籟報目錄

貪夫殉財烈士殉名論

徐章垿

鄙嗇者利好得毋厭謂之貪夫刳體摩頂捨生市名謂之烈士魚相忘于江湖禽摩虛而翔空便習也人之汨于名利也亦然雖有聖賢俊乂莫能拔于此故孔子至人也而有驕氣多欲熊色淫志鮑焦立槁申徒投河夸名而戕其生鄧通瘐斃石崇膏斧擁財而死非命名利之中人有如此者矣雖然天下旌烈士而賤貪夫伯夷死于首陽而孔子贊之盜跖死於東陵而君子貶之後世惑之相與標榜名節矯飾邀譽剷性斲眞樹奇自顯天下翕然相率僞譌好利之風且復滋長天良澌泯惟利是求上下交征狠戾恣肆道德不講義理永棄嗟乎得名者顯獲利者昌名利名利亂是用始嘗試論之令天下亂者名利也令天下合者亦名利也向使無名利以維世則員顱方趾之儔亦昧昧自營其生漫散毋可糾集抑何自有數千年燦爛光怪之史乘以成此姸麗完好之景象則是名利之中人益淫而世間事物之搆會亦愈密而令道德誼理亦復隳隊式微不爲劌目悲悼者也抑又論之達者蒙叟之爲言也天下盡殉也奚必死名之是而死利之非乎其于殘生傷性均也夫彼溺名利而不知返者何殊乎舉錐自鑿其性持色以涂白縑形存而神亡體在而眞失喪其元矣遺其本矣欲復爲人得乎今人臨水火有戒心於其外體則護之矣其於心靈則不謀所以全之也亦見其惑矣

『卿侃侃相勉敢不知勵此去當奮力殺敵以答愛卿之良規 然卿玉體怯弱毋爲風雨所窺家雖寒素尚有薄收卿毋自致勞瘁令余懸懸萬里外也』

『愛郎君愛護之誠郎自將衞妾奉母餘閒擬蒔花飼鳥以遣日月然幸郎毋怪妾妾且無片紙達君前』

『胡然相去萬里藉此通情何爲言此』

『非也妾聞任營伍之事則忘其家援枹鼓之急則忘其身妾何敢以兒女喁喁之言惑郎君效命疆場之心雖然待君之歸妾淚枯矣』

『雖然我何忍舍卿』

『行矣君妾不願以柔情珠淚折君勇氣馬嘯於門將軍往矣』

『謹唯命今吾吻卿』

『阿母兒去矣』

『兒乎汝果行乎天錫汝福』

『愛卿今去矣』

『郎君往矣』

健兒上馬絕塵去少婦閨中淚不乾

征人語

徐章垿

『阿母兒且從征去母年高幸善攝養毋復念兒兒今爲國致命得破敵國之榮亦家之榮也兒媳年少雖不更事而孝思彌殷侍母當無所缺也』

『我兒若且行邪兒有志爲國母亦良慰強如鄰居李郎常日踞茶肆談胡天又如對河張氏子稍有田地便縱賭無度我兒愛國母心憙然吾聞此時兵士殘暴淫掠毋所不至兒卽去宜守紀律毋苦民行軍宜謹愼賴祖宗積德望兒克敵歸家』

『母言良是兒當遵依母言今聞大軍駐關外母卽有言可囑王家伯父寄書』

『我兒惟是汝婚未匝月媳婦聞汝將去當兵日有戚容兒其善慰諭之』

『噫吾愛汝固勸我去奈何悲戚如是』

『夫乎非關國家大計誰復願兒夫上征途銷魂話別豈得已乎』

『余福薄得妻如卿乃不能坐享豔福今爲國故乃不能復戀卿卿乎春花秋月我不忍卿清閨淒冷也』

『郎也誤矣妾猥蒙深愛相矢白首然今日之事郎不可以私情阻大計且郎愛國無殊愛妾郎去邊關妾當日夕禱天冀郎得志疆場殺虜凱旋老母在堂妾當盡職行矣郎君毋復戀家』

贪夫殉财烈士殉名论

鄙啬耆[①]利，好得毋厌，谓之贪夫。刳[②]体摩顶，舍生市名，谓之烈士。鱼相忘于江湖，禽摩卢[③]而翔空，便习也。人之汩[④]于名利也亦然。虽有圣贤俊乂[⑤]，莫能拔于此。故孔子至人也，而有骄气多欲熊[⑥]色淫志。鲍焦立槁，申徒投河[⑦]，夸名而戕[⑧]其生。邓通[⑨]瘐毙，石崇[⑩]膏斧，拥财而死非命。名利之中人，有如此者矣。虽然，天下旆[⑪]烈士而贱贪夫。伯夷[⑫]死于首阳，而孔子赞之。盗跖[⑬]死于东陵，而君子贬之。后世感之，相与标榜名节，矫

---

① 耆(shì)：古同"嗜"，爱好。

② 刳(kū)：剖，剖开。

③ 卢：通"颅"。头颅。

④ 汩：这里疑作"洎"，洎(jì)：浸润，引申为沉浸。

⑤ 俊乂：亦作"俊艾"，指才德出众的人。

⑥ 熊：应作"态"。《史记·老子韩非列传》："去子之骄气与多欲，态色与淫志，是皆无益于子之身。"

⑦ 鲍焦立槁，申徒投河：出自《庄子·杂篇·盗跖第二十九》："世之所谓贤士：伯夷、叔齐。伯夷、叔齐辞孤竹之君，而饿死于首阳之山，骨肉不葬。鲍焦饰行非世，抱木而死。申徒狄谏而不听，负石自投于河，为鱼鳖所食。介子推至忠也，自割其股以食文公。文公后背之，子推怒而去，抱木而燔死。尾生与女子期于梁下，女子不来，水至不去，抱梁柱而死。此六子者，无异于磔犬流豕、操瓢而乞者，皆离名轻死，不念本养寿命者也。"

⑧ 戕(qiāng)：杀害。

⑨ 邓通：西汉文帝宠臣，凭借与汉文帝的特殊关系，垄断当时铸钱业，广开铜矿，富甲天下。

⑩ 石崇：字季伦。历史上著名富豪，曾与贵戚晋武帝的舅父王恺斗富。

⑪ 旆(pèi)：原意指旗末端状如燕尾的垂旒，这里指赞扬。

⑫ 伯夷：伯夷与叔齐两人是商末孤竹君的两个儿子。相传其父遗命要立次子叔齐为继承人。孤竹君死后，叔齐让位给伯夷，伯夷不受，叔齐也不愿登位，先后都逃到周国。周武王伐纣，二人叩马谏阻。武王灭商后，他们耻食周粟，采薇而食，饿死于首阳山。

⑬ 盗跖：即柳下跖，春秋末著名的奴隶起义领袖，邹城看庄镇柳下邑人。柳下跖被历代统治者骂作盗跖，有"志士不饮盗泉之水"之说，即指他。曾写文斥孔子，收于《庄子·杂篇·盗跖第二十九》。

饰邀誉,削性斲[1]真,树奇自愿。天下翕然[2],相率伪讹。好利之风且复滋长,天良澌泯[3],惟利是求。上下交征,狠戾恣肆,道德不讲,义理永弃。嗟乎!得名者显,获利者昌。名利名利,乱是用始,尝试论之。令天下乱者名利也,令天下合者亦名利也。向使无名利以维世,则员颅方趾之俦[4],亦昧昧[5]自营其生,漫散毋可纠集。抑何自有数千年灿烂光怪[6]之史乘[7],以成此妍丽完好之景象,则是名利之中人益淫,而世间事物之构会亦愈密,而令道德谊理亦复隳[8]队[9]式微,不为刿[10]目悲悼者也。抑又论之,达者蒙叟[11]之为言也,天下尽殉也,奚必死名之是,而死利之非乎。其于残生伤性均也。夫彼溺名利而不知返者,何殊乎举锥自凿其性,持色以涂白缣[12],形存而神亡,体在而真失,丧其元矣,遗其本矣。欲复为人得乎?令人临水火有戒心,于其外体则护之矣。其于心灵,则不谋所以全之也,亦见其惑矣。

本篇发表于沪江大学《天籁报》第4卷第4号(1916年12月出版)。和《论臧谷亡羊事》一样,都是徐志摩研读庄子后所作。本篇重点讨论名利观。

毕竟是年少气盛,也许还有社会氛围的影响,整日"跳跃活动"的徐志摩可能被庄子思想和文章的神奇魅力所吸引,却很难皈依庄子那种彻底摒弃名利的遁世思想。"鱼相忘于江湖,禽摩卢而翔空,便习也。人之汩于名利也亦然。虽有圣贤俊乂,莫能拔于此。故孔子至人也,而有骄气多欲态色淫志。"他把人类对于名利的追逐看作是动物式的习性,连圣人也概莫能外。所以在评价了历史上的各类名利之徒,列举了追逐名利带来的社会恶果后,却发出了"令天下乱者名利也,令天下合者亦名利也"的议论。

进而又说:"向使无名利以维世,则员颅方趾之俦,亦昧昧自营其生,漫散毋

---

① 斲(zhuó):古同"斫",用刀、斧等砍劈。

② 翕(xī)然:形容一致的样子。

③ 澌泯:消失。

④ 俦(chóu):同辈,伴侣。

⑤ 昧昧:昏暗貌。

⑥ 光怪:神奇怪异的现象。

⑦ 史乘:《孟子·离娄下》:"晋之《乘》,楚之《梼杌》,鲁之《春秋》,一也。"《乘》、《梼杌》、《春秋》本为晋楚鲁三国之史籍名,后因泛称史书为"史乘"。

⑧ 隳(huī):毁坏;崩毁。

⑨ 队:同"坠"。《说文》:"從高隊也。隊墜正俗字。"

⑩ 刿(guì):刺伤。

⑪ 蒙叟:指庄周。

⑫ 缣:双丝的细绢。

可纠集。抑何自有数千年灿烂光怪之史乘，以成此妍丽完好之景象。”居然对名利赞美起来。

此篇中出现的两句话值得关注。

“刳体摩顶，舍生市名，谓之烈士。”

尽管把刳体摩顶的烈士视作舍生市名的名利之徒，但由于领悟了名利对人类社会发展的双重作用，作者立志做一个“刳体摩顶的烈士”。

“故孔子至人也，而有骄气多欲、态色淫志。”

孔子当年西行，向老子问礼。老子认为周礼的创始人周公早已死了，要复周礼必须要估量时代潮流是否允许。老子告诫说：“去子之骄气与多欲，态色与淫志，是皆无益于子之身。”一般的解释，态色，趾高气扬、踌躇满志的神色。淫，过多，过甚，过分，过度，没有节制。淫志，即过多的欲望与理想。但如果从积极方面来解释，态色应是一种坚定自信、无所畏惧、勇敢乐观的人生态度。淫志则是指强烈的多方面的人生追求和欲望，强烈的多方面的艺术兴趣和创造。作者应该是这样理解孔子身上的“态色淫志”的。而诵读其《启行赴美文》，回顾其爱情波澜和创作生涯，再看他爱坐飞机的冒险家兼梦想家气质，也可以说徐志摩短暂而精彩的一生就是“态色淫志”的一生。

回到少年徐志摩，他在“刳体摩顶”中取出“摩”，在“态色淫志”中取出“志”。“志”是愿望和理想，代表求名的欲望；“摩”是苦行和磨练，蕴含准备忍受一切艰辛挫折的意志力。“志摩”这个名号，应该在这里找到源头。

征人语

“阿母，儿且从征去，母年高，幸善摄养[①]，毋复念儿。儿今为国致命，得破敌，国之荣，亦家之荣也。儿媳年少，虽不更事，而孝思弥殷，侍母当无缺也。”

“我儿，若且行邪。儿有志为国，母亦良慰。强如[②]邻居李郎，常日踞茶肆，谈胡天。又如对河张氏子，稍有田地，便纵赌无度。我儿爱国，母心憙[③]。然吾闻此时兵士，残暴淫掠，毋所不至。儿即去，宜守纪律，毋苦民。行军宜谨慎，赖祖宗积德，望儿克敌归家。”

“母言良是，儿当遵依母言。今闻大军驻关外，母即有言，可嘱王家伯父寄书。”

“我儿，惟是汝婚未匝月，媳妇闻汝将去当兵，日有戚容。儿其善慰谕[④]之。”

“噫！吾爱！汝固劝我去，奈何悲戚如是？”

“夫乎！非关国家大计，谁复愿儿夫上征途？销魂话别，岂得已乎？”

“余福薄，得妻如卿，乃不能坐享艳福。今为国故，乃不能复恋卿。卿乎！春花秋月，我不忍卿清闺凄冷也。”

---

① 摄养：抚养。

② 强如：胜过。

③ 憙：同“喜”。

④ 慰谕：亦作慰喻，抚慰。宽慰晓谕。

"郎也！误矣。妾猥蒙[①]深爱，相矢[②]白首。然今日之事，耶不可以私情阻大计，且郎爱国，无殊爱妾。郎去边国，妾当日夕祷天，冀郎得志疆场，杀虏凯旋。老母在堂，妾当尽职。行矣郎君，毋复恋家。"

"卿侃侃相勉，敢不知励？此去当奋力杀敌，以答爱卿之良规。然卿玉体怯弱，毋为风雨所窥。家虽寒素，尚有薄收。卿毋自致劳瘁，令余恋恋万里外也。"

"爱郎君爱护之诚，郎自将卫。妾奉母馀余，拟莳[③]花饲鸟，以遣日月。然幸郎毋怪妾，妾且无片纸达君前。"

"胡然？相去万里，藉此通情，何为言此？"

"非也，妾闻任营伍之事，则忘其家，援枹鼓之急[④]，则忘其身。妾何敢以儿女喁喁[⑤]之言，惑郎君效命疆场之心？虽然，待君之归，妾泪枯矣。"

"虽然，我何忍舍卿！"

"行矣君！妾不愿以柔情珠泪，折君勇气。马啸于门，将军往矣。"

"谨唯命，今吾吻卿。"

"阿母，儿去矣。"

"儿乎？汝果行乎？天赐汝福。"

"爱卿，今去矣。"

"郎君往矣。"

健儿上马绝尘去，少妇闺中泪不干。

本篇发表于沪江大学《天籁报》第4卷第4号（1916年12月出版）。行人从军出征，是文学史上永久性的题材，也出过《木兰辞》、《兵车行》、《从军行》（王昌龄）、《记征人语》（纳兰性德）等名篇。

徐志摩的本篇《征人语》题材是旧的，但形式上却采用口语体的对话形式，几乎是一个微型的剧本，可能是受到当时校园戏剧的影响。沪江大学通俗模范

---

① 猥蒙：谦词。犹辱蒙。《后汉书·张奋传》："司空无功於时，猥蒙爵土，身死之后，勿议传国。"

② 相矢：相与发誓。（明）刘元卿《贤奕编·仙释》："吕洞宾计所度者无虑数千，人人咸喜得道，相矢终身依焉。"

③ 莳（shì）：种也。

④ 枹鼓之急：引用"将受命之日则忘其家，临军约束则忘其亲，援枹鼓之急则忘其身。"（《史记·司马穰苴列传第四》）

⑤ 喁喁（yóng yóng）：原意指鱼口露出水面翕动的样子，引申为仰望期待。

演剧团成立于1915年秋。徐志摩在校时，演过《郑元河与李亚仙》、《The hen-pecked husband》(《怕老婆的丈夫》)等剧目。

仔细读这篇《征人语》，确实有不少戏剧性元素。比如母亲觉得儿子“强如邻居李郎，常日踞茶肆，谈胡天。又如对河张氏子，稍有田地，便纵赌无度。”妻子不愿写信给郎君，郎君不解。妻子回答：“非也，妾闻任营伍之事，则忘其家，援袍鼓之急，则忘其身。妾何敢以儿女喁喁之言，惑郎君效命疆场之心？”

附　录

诗人徐志摩名号考①

早在徐志摩生前，诗人徐志摩的名号就已如雷贯耳，但“志摩”这名号究竟从何而来，又有什么含义，却莫衷一是，一直不甚明了。

陈从周在《徐志摩年谱》开头就称：“志摩姓徐。初字槱森，后更字为志摩，小字又申，谱名章垿，以字行。(案志摩二字，离北京大学后，出国始更。)”明确“志摩”为字，是在离开北京大学出国前后启用。韩石山在《徐志摩传》中采纳了陈的大部分提法，称其谱名徐章垿，其父徐申如以字行世，而对“志摩”二字则有所疑虑，未确定其性质，只说：“志摩这个名字，是他北大肄业赴美之前自己取的。”

徐志摩的表兄弟、国学大师吴其昌，从小与其关系密切，在1931年12月12日发表于《晨报·学园》的《志摩在家乡》一文中则说：“志摩，本名章垿，字幼申，‘志摩’是他自己不经父母同意而‘乱取’的别号。‘算不得数的。’我们硖石人说。我们硖石人的经典，凡是不经父母同意，而小官自己乱来的，都是算不得数的。”

陈从周称“以字行”，吴其昌则说“志摩”是不经父母同意而“乱取”的别号。究竟哪一种说法更接近于真实？其实我们只要弄清楚“字”与“号”的区别，问题就迎刃而解了。

字，又称表字，是古代的中国人在姓名之外，父母或师长为自己取的与本名意义相关的别名。《周礼》“婚生三月而加名”，婴儿出生三个月后由父亲取名。《礼记·檀弓》“幼名，冠字，五十以伯仲，死谥，周道也。”《礼记·曲礼》：“男子二十冠而字”，“女子十五笄而字”。《仪礼·士冠礼》：“冠而字之，敬其名也。”命字之前，尚处年幼，由长辈所命和多年来被长辈所呼的“名”，便带有亲昵、溺爱的色彩。成年后再以名行世，就显得不够庄重，于是需要为自己取一个字，用来在社会上

① 本文原载《中国现代文学研究丛刊》2013年第12期，作者吴禹星、刘子侠。

与别人交往时使用,以示相互尊重。因此,古人在成年以后,名只供长辈和自己称呼,自称其名表示谦逊,而字才是用来供社会上的平辈或晚辈来称呼的。"名"和"字"在词义上往往和名有关联。

宋以后,尤其明清,字辈谱命名法的盛行,使"谱名"变得庄重起来,原先表尊敬的"字"反而变成谦逊的自称以及朋友同辈间亲密的称呼。

名、字是由尊长代取,而号则不同,号为自取,表达个人志趣,称自号。号的实用性很强,除自称和供人称呼外,还用作文章、书籍、字画的署名。号尽管起源很早,但直至六朝时期还不流行,葛洪、陶潜有号,当时多数人没有,到唐宋间才特别盛行起来。宋以后,文人之间大多以号相称,以至造成众号行世,他们的名、字反被冷疏的情况。至明清,由于文人范围扩大,加上帝王提倡,更加盛行起来。如:明代旅行家徐霞客,名弘祖,字振之,号霞客,以别号行世。现代以来文人的号逐渐被笔名所代替。

徐志摩名章垿,"章"源自族谱命名法,因为徐志摩在家族中属章字辈。"垿"原指古代天子、诸侯宴会放酒杯的土台,也常用于人名。民国时山东莱阳有王垿,精书法,常为人写匾,时有"有腔皆谭(谭鑫培),无匾不垿"之语。字"幼申"或"又申",因他与父亲同属猴,是又一只小猴子的意思,似乎是父亲在为他取名的同时确定的。可能当时已经不太顾及古代"冠字"的老黄历了,而且,"名"和"字"在词义上也无甚关联。

从私塾、开智学堂、杭州府中,一直到美国克拉克大学,在学生名册上我们见到的都是"徐章垿"。"又申"则见于其1911年上半年的《府中日记》以及致父母和亲友的私人信函中。

"志摩"的启用,是在他20岁时。1916年3月沪江大学出版的《天籁报》第4卷第1号,"徐志摩"三字名列天籁社职员表,头衔是汉文主笔。职员表显示,该期《天籁报》的社长是赖祖光,汉文总主笔为前清拔贡、国文讲师林朝翰,汉文主笔共有5位,其余四位是陆麟书、沈文鸿、沈经、唐启宇。这是我们目前所见到的"徐志摩"这一署名的首次现身。该期《天籁报》还发表了署名"徐志摩"的三篇文字:《祀孔纪盛》、《记骆何堃全谊事》和《春游纪事》。从内容推测,它们都作于徐志摩在杭州读书期间。初到沪江,他的聪慧才智和深厚的国学功底就得到了老师和同学的认可,被推为汉文主笔。因此他把部分中学时期创作的文稿拿出来供发表。但《天籁报》第4卷第2期后,职员表用的是徐志摩,文章署名却是徐章垿。

有种说法,"志摩"是在他1918年去美国留学时父亲给另取的名字。说周岁时,有一个名叫志恢的和尚,替他摩过头,并预言"此人将来必成大器",其父望子成龙心切,即替他更此名。除了"志恢和尚的抚摩"之意外,后来有人猜测,"志摩”之意：一是志在摩顶放踵，一是志在做诗人王摩诘。由于《天籁》上“徐志摩”的出现，推翻了此种推测。那么，“志摩”是不是他自己不经父母同意而“乱取”的别号呢？吴其昌的这一判断，应该是正确的。作为国学大师，他不太可能在名、字、别号的区分上出错。而且以他和徐家的关系，如果“志摩”是徐父所取，他不可能不知道。

在《记骆何堃全谊事》和《春游纪事》中，作者多次在文中自称“志摩”，说明“志摩”这个别号的酝酿是其在杭州读书期间。

现存徐志摩早年写给大伯父徐崇初和父母的书信的落款也给我们的判断提供了支撑。1914年8月23日致大伯父徐崇初的信中，落款是“侄又申谨禀。祖母大人前请安”。同年10月7日致徐崇初的信中落款则是“侄儿章垿顿首谨禀”。1923年11月21日的信中落款变成了“侄儿志摩上”。1920年12月26日致父母的信中落款是“儿又申谨禀”，1927年5月14日及以后致父母的信中落款则是“儿摩叩禀”或“儿摩禀上”。1926年12月14日致张幼仪信落款是“志摩”。(据天津人民出版社2005版韩石山编《徐志摩全集》第六卷)这些落款的变化说明，尽管在后来的社会交往(包括与父母亲友)中，“志摩”完全取代了“章垿”和“又申”，但至少在1920年12月26日前，他还没有将“志摩”这个别号用在与父母的交流中。这说明当时“志摩”这一自取的别号还没有得到父亲徐申如的认可。

那么通过“志摩”这个别号表达的是怎样的个人志趣呢？

少年徐志摩的精神发育史，我们可以从他在浙江一中校刊上发表的两篇文章，《论小说与社会之关系》和《镭锭与地球之历史》中得到线索，就是他非常关注新兴的社会思潮，非常关注新的科学发现，而且善于将其化为自己的血肉并予以传播。1911年上半年所作的《府中日记》中记载他爱看《民立报》和《西湖报》，受革命党思想的影响热血沸腾。3月23日日记中说：“《民立报》详载中俄交涉事，势必经大战争而后已，为国民者，其知自警乎！”4月30日：“要闻：《民立报》载称，广东革命军起事，焚毁督署，水师大败，事之成败未可必，而我国志士之流血者已不鲜矣。”5月3日：“今阅报章悉革命军已败，不禁为我义气之同胞哭，为全国同胞悲，痛羽翼之已成，而中道摧阻，是天不使我汉族神气也。夫何言，吾惟愿有血性、有义气之同胞，奋其神武，灭彼胡儿，则中国其庶几乎有称雄于世界之一日。同胞同胞，曷闻吾言而兴起乎。”这是读到黄花岗起义失败的报道后的激昂慷慨，当时徐志摩15岁。日记中也显示出作为一个中学生，徐志摩的学习兴趣相当广泛，同学间交往相当广泛，社会关注面也相当广泛，是一个志向宏大的翩翩少年。张家是来自上海郊县的名门望族，但他初次见到张幼仪的照片居然称其为“乡下土包子”，应该也是这种志向的外露。

有了这样心劲的徐志摩，自然不会满足于原有的略嫌平淡的名号。他必定要给自己取一个不同凡响的别号,"志摩"应该是他精心选择的结果。

至于这个选择的过程,由于徐志摩生前并没有透露过,我们只能在此作一些揣测。

发表于沪江大学《天籁报》第4卷第4号(1916年12月出版)《贪夫殉财烈士殉名论》一文,是徐志摩研读庄子后所作,重点讨论名利观。

毕竟是年少气盛,也许还有社会氛围的影响,整日"跳跃活动"的徐志摩可能被庄子思想和文章的神奇魅力所吸引,却很难皈依庄子那种彻底摒弃名利的遁世思想。"鱼相忘于江湖,禽摩卢而翔空,便习也。人之汨于名利也亦然。虽有圣贤俊乂,莫能拔于此。故孔子至人也,而有骄气多欲态色淫志。"他把人类对于名利的追逐看作是动物式的习性,连圣人也概莫能外。所以在评价了历史上的各类名利之徒,列举了追逐名利带来的社会恶果后,却发出了"令天下乱者名利也,令天下合者亦名利也"的议论。

进而又说:"向使无名利以维世,则员颅方趾之俦,亦昧昧(昏暗貌)自营其生,漫散毋可纠集。抑何自有数千年灿烂光怪之史乘,以成此妍丽完好之景象。"居然对名利赞美起来。

此篇中出现的两句话值得关注。

"鄙啬耆利,好得毋厌,谓之贪夫。刳体摩顶,舍生市名,谓之烈士。"

尽管世人把刳体摩顶的烈士视作舍生市名的名利之徒,但由于领悟了名利对人类社会发展的双重作用,徐志摩立志做一个"刳体摩顶的烈士"。

"故孔子至人也,而有骄气多欲、态色淫志。"

孔子当年西行,向老子问礼。老子认为周礼的创始人周公早已死了,要复周礼必须要估量时代潮流是否允许。老子告诫说:"去子之骄气与多欲,态色与淫志,是皆无益于子之身。"一般的解释,态色,趾高气扬、踌躇满志的神色。淫,过多,过甚,过分,过度,没有节制。淫志,即过多的欲望与理想。但如果从积极方面来解释,态色应是一种坚定自信、无所畏惧、勇敢乐观的人生态度。淫志则是指强烈的多方面的人生追求和欲望,强烈的多方面的艺术兴趣和创造。徐志摩应该是这样理解孔子身上的"态色淫志"的。而诵读其《启行赴美文》,回顾其爱情波澜和创作生涯,再看他当时特别爱坐飞机的冒险家兼梦想家气质,也可以说徐志摩短暂而精彩的一生就是"态色淫志"的一生。

回到少年徐志摩,他在"刳体摩顶"中取出"摩",在"态色淫志"中取出"志"。"志"是愿望和理想,代表求名的欲望;"摩"是苦行和磨练,蕴含准备忍受一切艰辛挫折的意志力。"志摩"这个别号,应该在这里找到源头。

徐志摩赴美留学前创作年表

1897年(1岁),1月15日生于硖石。

1900年(4岁),入家塾开蒙。

1907年(11岁),入硖石开智学堂。

1909年(13岁),于开智学堂作《论哥舒翰潼关之败》。

1911年(15岁),入杭州府中,作《府中日记》(1911年2~7月)。

1913年(17岁),校刊《友声》创刊号发表《论小说与社会之关系》。

1915年(19岁),3月17日,参加浙江省祭孔典礼,作《祀孔纪盛》。

1915年5月,校刊《友声》第二期发表《镭锭与地球之历史》。

1915年夏,中学毕业。

1915年9月,进入北京大学预科。

1915年12月,回硖石结婚,自请北大退学,插班进入沪江大学预科。

1916年(20岁)3月,《天籁》第4卷第1号发表《祀孔纪盛》、《记骆何堃全谊事》、《春游纪事》。

1916年6月,《天籁》第4卷第2号发表《渔樵问答》、《卖菜者言》、《论臧谷亡羊事》。

1916年9月,升入沪江大学一年级。

1916年11月,《天籁》第4卷第3号发表《说发篇一》、《送魏校长归国序》。

1916年12月,《天籁》第4卷第4号发表《贪夫殉财烈士殉名论》、《征人语》。

1917年(21岁)初春,鼓励吴经熊一同在上海应考北洋大学法科特别班,并通过考试。

1917年2月,离开沪江大学,转入天津北洋大学法科特别班。4月22日,长子徐积锴出生。

1917年(21岁)9月,随北洋法科并入北京大学法本科。当年作《志摩随笔》。

1918年(22岁)夏,拜梁启超为师。

1918年8月14日,乘南京号轮赴美,8月31日,于太平洋上作《徐志摩启行赴美文》。

1918年10月,在美克拉克大学,作《志摩杂记》一、二。

《天籁》第4卷《沪江春秋》汇录

一

毕业志盛　一月二十二日，为本校举行第四次毕业礼之期，一时嘉宾满堂，典礼裔皇。毕业生至十一人之多，洵为未有之盛事，且皆热心教育事业，故先后分应各中校之聘。惟严君恩椿，及缪君秋笙，则担任本校史汉理化等科。二君才学优卓，其有以觉我后进，夫岂待言，是宜吾同学之咸敬爱不置也。

校舍扩新　梅佩礼先生住宅，于去春遭回禄之祸，遂于夏间匄工构造，现已轮奂重新矣。雨操场亦已建立，医院则正在兴工，暑假可望竣事。

解囊慨助　本校董事于有朋博士，于去冬返国，向彼邦人士捐集巨款，以备本校建筑之需。开学日，得闻博士已于赫斯格大佐处，捐得金洋一万元（合银元二万三千枚）为建设体育馆之费。是晚，校中举行焰火礼，以颂大佐盛德，用志勿谖。

云程万里　本校第一次毕业郑君章成，赴美，肄业白浪大学，迄今三载，近闻将于今暑得硕士学位，且已获官费津贴，故将续入生物学科，以竟厥志。消息传来，喜可知已。第二次毕业生陆君士寅，亦于去夏入芝加喀大学，习经济政治学科，鹏搏鸿举，为国光荣，吾人于二君前途，实生无穷之希望也。

体育孟晋　本校于体育一门，向从积极进行，故年来成绩卓著。今岁更加入篮球一种，趣味盎然。而学院学生，亦习体操，由凌君永泉教授。至运动员则正朝夕练习，磨厉以须，静候夺得锦标时也。

选科特设　本校自今岁起，设置选科（一）化学为梅佩礼先生担任，（二）物理为伊文士先生担任，（三）历史为海纳森先生担任。大学三四年生，可任择一科，以期造就专门人材。异日分科之制，其将基于此欤？

新旧联交　三月四日，旧同学开交谊会于思裴堂一号，欢迎新生，藉订交谊。一时诙谐纷投，丝竹杂陈，并出果饵相饷。至十时，始尽欢而散。

年刊出版　一九一六年发起年刊之作，经营二月，始克出版。内容记述全年成绩，纤悉靡遗。附以风景画及谐文，逸趣横生，无美不收，洵可宝哉。

分篮膳制　雷校医鉴于饮膳卫生之重要，故特行分篮之制。既得健全之消化，更免传染之隐患，一举两利，使吾侪日臻康强之域，幸福真无疆哉。

名论不刊　三月十日英国救世军队长莅校，演讲救世军之功业，及其成效。词意诚恳，热血感人。又白浪博士自纽约来华，道出沪上，应本校之请，特于二十五日十时，演讲世界和平之希望。基于教育，根据学理，娓娓动听，饫闻一席话，远胜十年读矣。

二

校长旋国　魏馥兰博士主持校事，五载以来，凡百振兴，成绩斐然，遐迩叹美，今已期满，例当返美一行。同人等久受熏陶，情谊攸深，不忍恝然，乃于五月十六开欢送大会，公赠金匾一方，及金钱一枚，并镌幽兰怀馨四字于上。又于翌日合摄一影，以表爱忱，藉留纪念。首涂之日，尚拟全体恭送云。

运动志盛　四月二十九日开第三次运动会，上午童子军操练，及网球比赛，下午剧烈运动，及三色球团末次比赛。运动诸项，较去岁大有进步，球员尤见奋勇，至五时，给奖茶点而散。

演说志略　四月十七日，本校延请斐列滨大学主教施诺博士演讲斐岛教育制度，及该校组织纲要，至为明了，语调颇重实业教育，务使斐民得以自给为目的。二十一日晚，雷校医讲中西医业之不同，用影机显示各种图画，指陈利弊，皆中肯綮。二十四日，本校举行植树节礼，特聘凌道杨君演述“中国之森林”。论及森业之利益，与吾国之阙乏，淋漓尽致，发人猛省。临行，尤谆谆以鼓吹森林主义相属云。

优孟遗风　本校通俗模范演剧团，以魏校长返国在即，特于五月五夕，演酒戒驯娺两剧，以壮行色。一时来宾满座，琴声抑扬，而戏情优美，布景雅尚，尤为美满无遗。团员之热心济世，可见一斑矣。

毋忘国耻　国耻日下午三时，群集礼堂，开国耻纪念会，由胡君诒骐主席，首唱国耻歌。继由董马杨严陆唐诸君，登台讲演，大致以国耻相砥励，而议论异常激昂，足以唤醒国魂，其沉痛处至令人慷慨泣下，迨四时半始散会。

播道大会　丁立美牧师，奔走四方，宣传福音，此次应本校之聘，来校朝夕传道，共计十有四次，语语刺心，激人忏悔，其结果，则八人立志受礼，慕道者颇不乏人，感化之力，亦云伟矣。

总教东来　本校下学期特聘美国文学专家李特先生，主任英文教科。闻李君系加仑布大学毕业生，且于五百人中夺得冠军者，声誉卓卓，后来之秀，将来惠福我辈，实无限量。又本校耆荷福先生，去夏返国，肄习芝加喀大学，今夏毕业，闻于九月间偕李君返校，主任心理哲学等科云。

实地考警　前月，预科三年级至徐家汇天文台参考一切。六月三日，正科一年级往商务印书馆制造厂，考警印刷机及铜版制刊等事。

新会创设　今春，预科四年级组织公民会，由葛学溥先生指导一切，讨论改良社会方法。数月以来，成效颇著。又正四三年级组织翻译会，研究口迻笔迻等学，会务日形发达。

虽负犹荣　本校棍球队，今岁因旧员多他适，无异新组，故与约翰比负，与南洋比，仅输四球。然球员更形鼓励，锲而不舍，必有出人头地之一日也。

三

送别　魏博士且归国，作送别会。学生曼歌，不胜恋恋。先生训之辞，其言谆谆宛挚。学生感喻奋作，复歌洋洋盈耳也。越十五日，先生首涂（途），举校送之，为之挽车，徐歌而行。诗曰："泰山岩岩，鲁邦所瞻。"斯之谓矣。

欢迎　博士既去，承其乏者。董景安先生，和易勤挚，众望是孚。迺（nǎi）举会以欢迎之。笑语骈臻，以殷以洽，既见君子，德音孔胶。

展览　青年会设肆，斐然成章，以利用也。

辩驳　休业前一夕，举行常年辩驳会，题为："中国应采用保护贸易制度"。反辩得焉，胜辩槃槃。大言炎炎，足以概一时之盛已。平议者余先生日章、朱先生友渔，及青年会之罗格马先生。

卒业　预科卒业者九人，致辞者江苏黄教育长、美领事，仪式竘（qǔ）然，跻跻跄跄，维其盛哉！

交谊　新雨联来，言切友谊。雅歌妙谑，俱陈并奏。复有嘉果，忻然美厌。贶（kuàng，赏赐）我者谁？青年君子。

教席　葛先生离吾校而往白下，耆先生自美国来归。一失一得，一忧一喜，更有李特先生，相得益彰矣。

新厦　李先生住宅告成。

医院　本校谋建医院，济穷利众。美国善士捐来五千元，又向校友筹措千元。现既匃工从事，今冬可以落成。主院事者，雷医生也。

悼逝　谢洪赉先生，一代名人，吾华国士，中年崩逝，梁木竟摧。吾侪敬仰先哲，特为开会追悼。请青年会李启藩先生演述先生历史。闻者悲哨，益叹天之将丧斯文也。

国庆　　吾华共和，死而复苏。元凶既逝，家国之祜。爰用提灯，以志庆祝。欢呼腾天，民国永固。懿其休哉，共和万岁！

四

牧师布道　　杭州祝牧师，热心圣道，广播福音，应本校之聘，惠然肯来，历一星期之久，演讲十余次，其人学识渊深，语语动人，故立志慕道者二十余人，愿受礼者二人，愿读神道科者亦二人。

电气实验　　正科三四年级物理班，前月从伊文士先生赴昆山路青年会演讲部听讲电气学，并备各种仪器试验。该部开导国民智识，同人之行，获益良深云。

足球比赛　　东方大学联合运动会，每年秋季，有比赛足球之举。本校与南洋公学约翰大学二校，各比赛二次。本校因练习太少而北，而各球员尚再接再厉，预备明年重赛，冀达胜利之目的而后止云。

饍厅改良　　本校毕业生缪君秋生，教授本校格致等科，并管理膳厅职务。兹因其体力素弱，难以兼顾。继其后者为邬君华棠，热心公益，逐事改良，期合于卫生。各级亦举代表一人，襄助其事，同人口福，真不浅哉。

童子优胜　　前月中华童子军十余队，及英日各国童子军，在杨树浦广场演赛各种技术。本校童子军参与者仅十余人，如绘图则获第二，急救则得第三。吾为本校童子贺。

名家教授　　本校正科生，有经济学一科，海森先生任教务。惟簿记一门，尚付缺如。兹聘得葛尔比先生来校担任。先生学识卓著，教法尤精。惠福吾侪，良匪浅鲜。

同门聚餐　　中华基督教立各大学，为联络感情起见，开同门聚餐会于总青年会会所。本校同门会友十七人与焉。约翰大学校长卜舫济，本校校长董景安二君，诲之以辞，颇极一时之盛。

感谢佳节　　十一月三十号，为西人感谢节。各地举行，为美国祈祷大典。本校循例放假一日。

感亲大会　　改良家庭，为感亲会宗旨。本期初次开会于礼堂，李先生与雷医博士讲家长之责任。词达意深，洵良训哉。

建造广厦　　本校体育馆建筑费，为美人赫斯格大佐一人解囊慨助。现正测地绘图，即拟鸠工兴造。沪上各校之有体育馆，自本校始。

长途竞走　　本埠各大学，冬季有三英里竞走之举。本月十五号，在南洋公学比赛。本校运动家，如郑君世察等，逐日赛跑，以备与他校争胜。

交谊盛会　　本校立志布道团，开交谊会于李先生宅中。并选举职员，以沈君文鸿为团长。及讨论来年进行方法毕，始尽欢而散。

演说竞争　　寰球中国学生会，年内将开演说竞争第三次大会。各校皆有代表二人。本校亦选能言善辩之才与赛，静候夺得锦标归来也。

文明新剧　　本校演剧团团长虞君秉荣，热心剧务，刻正编演新剧，与团友逐日演习。以助耶稣圣诞阳历元旦乐趣。届时必有可观者焉。

年刊付印　　一千九百十七年年刊，诙谐文词讽刺图画，多已完稿付印。本年复增广篇幅，改良内容，年终即可出版云。

中学足球　本月十四五号本校中学，与杭州蕙兰中学、苏州晏成中学，在本校运动场比赛足球。其一为三与零之比，其二为四与二之比。本埠中学完全获胜。

中学篮球　同日本校中学又与晏成赛篮球。为二与二之比，胜负不分。与蕙兰赛，为零与十六之比。本校中学负。

欢迎大会　　本月十四号，因晏成蕙兰二中学自苏杭来沪，与本校中学赛球。是夕特在礼堂开交谊大会欢迎。一时中西音乐并奏，洵盛会也。

The Shanghai Baptist College[①]

Contents. 1. Location. 2. History. 3.The Plant. 4. Statistics. 5. The Curriculum. 6. Language and Education. 7. Social Sciences. 8. Natural Sciences. 9. Religious Work. 10. Business Administration. 11. Library. 12. Museum. 13. Athletics. 14. Conservation. 15. College Spirit. 16. The Future.

Location

Half-way between the Shanghai Bund and Woosung on a site facing the Whangpoo River is situated the Shanghai Baptist College and Theological Seminary. As the traveller to Shanghai comes on ship from Woosung he gets a clear view of the campus and buildings on the right bank of the river. The location is six miles from the heart of the city and one mile beyond the International Settlement limits. The founders showed wisdom in locating the institution, for Shanghai is not only the centre of many reform movements in China, but also the most strategic point in the Middle Kingdom. "The founders showed equal wisdom in choosing a site of which the out-door in itself is of educational and inspirational value. Every ship that goes to Shanghai must pass within full view of the College; any thoughtful student on such a campus is compelled to live in a large world."

① 本文原载1916年出版的《Educational Review》第8卷，作者为梅佩礼。

History

The idea of this institution was conceived in Shanghai during the Boxer uprising and the fulfilment of the idea represents the first joint effort on the Northern and Southern Baptists after the American Civil War. The institution was founded jointly by the American Baptist Foreign Mission Society, Boston, Mass., and the Foreign Mission Board of the Southern Baptist Convention, Richmond, Va. The two Boards delegate the control on the field to a Board of Managers composed of representatives of the three Baptist Missions in East and South China and of representatives of three Chinese Baptist associations.

The campus itself consists of twenty-seven and one-half acres, all of which has been raised to the required height by wheelbarrows of dirt from nearby marsh-land. In 1907 there were erected seven buildings: Yates Hall, the main College building, the Dining Hall, one building for Chinese teachers and students and four foreign residences, and in 1909 the school was opened with two foreigners on the college faculty with a total of forty-nine students.

The Plant

At present we have in addition to the original seven buildings, Breaker Hall, a Seminary class-room and dormitory, Missouri Hall for the married Seminary men, Millard Memorial Gate, erected to the memory of Professor W. Harold Millard who died here in 1908, two more foreign residences in the process of building, the McLeish Infirmary now in process of erection, and the Haskell gymnasium which is to be started this fall. The total investment in plant, including equipment, is $130,000 Gold.

Statistics

The institution is divided into three schools as follows:

Middle School	80
College	50
Theological Seminary	30
Total	160

The teachers are divided as follows:

Foreign staff ································ 11

Chinese ································ 14

Total ································ 25

The institution receives students from preparatory schools as follows:

Mission Academies ································ 6

Mission Boarding Schools ································ 3

Private and Government Schools, several.

Provinces represented by the present student body ································ 9

Number of college graduates (4 classes, 1913-16 inclusive,) ································ 22

Occupation of graduates:

Studying in America ································ 4

Preaching (after also graduating from Seminary) ································ 3

Teaching in either Mission or Government schools ································ 13

At home ································ 1

The Curriculum

In order to meet the needs of the students of our constituency a survey of the needs has been begun. The investigation includes both the vocational and cultural aspects of the after-school life of the Chinese student. On the basis of the data thus obtained, changes in the College curriculum are gradually being made. During the past year, in fulfilment of this idea and in accordance with modern educational practice, the Group System has been introduced. This system allows the student to choose the group best suited to his special ability. The College thus encourages men to face definitely the question of life work, and to choose the group which offers the best preparation for the chosen work.

A brief description of the main features of each of the four groups follows:

Group I. Language and Education

The special work offered under this group in Chinese consists of courses in Translation, Poetry and Chinese Philosophy. The group also offers special work in English and German. In general in the College English is used as a tool, but students electing this group take advanced work in language and literature in preparation for commercial work, teaching English or the study of advanced subjects in English. Special courses in Psychology and Education together with Practice Teaching are also given.

Group II. Social Sciences

In this group special courses are offered in History Economics, Politics and Sociology, with a view to the training of four classes of men: those who wish to enter commercial or political life; those who wish to teach these subjects, for which there is an increasing demand; those who desire to study the social conditions of China in order that they may be the better able to improve them. Students electing this group are trained to discover their problems, analyze them and discover solutions just as they will have to do after graduation.

The laboratory work consists of social investigation carried on chiefly in the Yangtzepoo District of Shanghai. In this district the old style of agricultural activity and the latest type of industrial society (cotton and silk mills) exist side by side. The students are required to secure data on housing, population, industry, education and religion.

Progress is being made in providing suitable accommodation in the Yangtzepoo District for an institution which will combine two features, a headquarters for the laboratory work in Social Sciences and a place of worship and service for the Chinese Christians who live there and for some of the upper-class Christian students of the College. What the plans call for in the two-fold aspect has been graphically shown in a chart reproduced below.

A Social Centre	**A Social Laboratory**
Providing for the Community	Providing for the student
Medical Social Service	Social Service
Dispensary	Direct Contacts
Visiting Nurse	School of Research
Education	Centre of Investigation
Day School	Practical Experience
Night School	Developing Community

Illustrated Lectures

Reading Room

Recreation

Playground

Playrooms

Clubrooms

Dramatics

Worship

Church

Sunday School

Bible Classes

Consciousness

Creating Social Values

Controlling Co-operation

Group III. Natural Sciences

The Natural Sciences Group offers training in Chemistry, Physics, Biology, Geology, Physiology and Hygiene, and Mathematics in preparation for teaching these subjects in secondary schools or for a further study of Pure or Applied Science in a professional school. In the fundamental science courses the attempt is constantly made to make clear the practical bearings of the study. This idea is more easily carried out in some of the electives, such as Organic Chemistry and Sanitary Science.

A course in Physiology and Hygiene, given by the College Physician, is now required of all Freshmen, one hour per week throughout the year. The instruction supplements and reinforces that of the Physical Education Department, for example, that relating to exercise and bathing. The above fact, together with the fact that sex hygiene is treated, makes this course, taken at the beginning of the college career, one of fundamental importance to the Chinese student.

The laboratories of the Department of Natural Sciences occupy the whole of the third floor of Yates hall, which will accommodate them until the erection of the New Science Building. The lecture room equipment includes sliding wooden shades for use with the projection lantern, and a travelling lecture table, and the various laboratories are fairly well provided with apparatus and equipment for the general courses.

In connection with certain courses occasional excursions are made to industrial plants, engineering works and the like in Shanghai — for instance those which illustrate the purification of water, the production of electricity, electrolytic products, glass, heavy chemicals, silk and cotton. Written reports of these visits are required of the students as in the case of regular laboratory work. The location of the College in Shanghai provides many opportunities for this "extension laboratory work" and also for the securing of special lecturers on science topics.

Group IV. Religious Work

The object of this group is to offer courses for students wishing to do Y.M.C.A. and similar forms of religious work as well as those wishing to enter the Christian ministry. It is also intended for students proposing to enter other callings but who wish to put particular stress on lay religious work.

Students who expect to enter the Advanced Course in the Theological Seminary elect this group at the beginning of the Junior Year and for the last two years of the College spend about half their time on Bible (Old and New Testament) and other purely seminary courses, and thus anticipate considerable seminary work. This method of articulating the College and Seminary was recently recommended by a Special Committee on Theological Education of the China Continuation Committee and was adopted by the latter Committee at its recent meeting in April in Shanghai.

Men electing this group with the idea of becoming lay workers receive special training in Religious Education, so that they can assist day or night schools and churches in this most important kind of instruction.

One feature in connection with the preparation the students receive for the ministry is noteworthy, viz., with regard to the training they receive in Sunday School work. The old method was based on the idea that the child should fit the Sunday School, whereas the new one is based on the idea that the Sunday School must fit the child. To this end the instruction includes Psychology, Social Psychology, Principles of Education, Practice Teaching and Sunday School Organization. And in order to discover whether the theory of the lectures is assimilated, the students are regularly supervised in the work on Saturday and Sunday, and are given a separate grade for the practice work they do. Of course, in addition to the lectures there are Teacher-Training Classes in preparation for the weekly Sunday School lesson. And, so far, a large number of upper class college men have attended one of the Training Classes and have taught on Sunday, which constitutes a good form of preparation for them as lay workers in the church of tomorrow.

Business Administration

The proposal has been made to establish a group of courses under the head of Business Administration; at the present time one course under this title is being offered which deals with modern office practice, business organization and management, etc. The location of the institutian in Shanghai offers special advantages for the organization of the proper courses for this group inasmuch as both the lecturers with practical experience in several kinds of business enterprise, and the factories and offices for observation and laboratory work are near at hand. Up to the present time the plans have not progressed further than is indicated above.

Library

The library contains nearly 4,000 volumes and is in charge of a full-time Chinese librarian. The librarian in addition to his routine work is studying the principles of cataloging and library practice, in which he must pass examinations. The average number of books borrowed per week by students and teachers during the past semester was between ninety and one hundred. This indicates the great service which the library, though small and inadequate, is rendering in the education of the students.

Museum

In addition to several cases of curios, chiefly Chinese, the museum contains 211 birds and mammals, 300 mineral specimens and fossils and 300 bottles of pure chemicals for exhibition purposes. We hope some time not only to have a museum able to supply the needs of exhibit material for our own classes but one able to supply loan material to the preparatory schools of the contributing missions in connection with systematic extension work.

Athletics

Athletics is organized into major sports: baseball, football and track; and minor sports: tennis, basket-ball, volley ball and indoor baseball. There are also classes for gymnastic exercises and a small troop of scouts among the Academy boys. Entrance into some form of athletics is required of all students.

The supervisor of athletics conducts a physical examination every year for all students and the college physician conducts annually a medical examination. In this way weak students may be given special corrective exercises and be prevented from overstrain. The yearly comparison of records of physical development shows the concrete value of exercise. Not the least valuable of the various forms of athletics and group games is the normal training class in which upper class men receive training in leading gymnastic classes and group games. Practice work is actually carried out in connection with the Academy and the day school on our compound. Some of our graduates who were in this training-class are now in academies organizing athletics and leading in gymnastics and group games. When the new Haskel Gymnasium is completed the Physical Education Department will enter upon a larger program of work, and, because of the demand from government and other schools, the larger program may well include the preparation of physical instructors.

Conservation

When we reflect on the fact of the thousands and thousands of hours of patient and laborious instruction which students in mission schools receive, and on the fact that after they leave school their teachers frequently fail 1o keep in touch with them so as to connect them with the life and work of the churches, we are appalled at this wasted opportunity. Three years ago this need for conserving the results of the educational work of the institution was realized and a systematic effort begun to meet it. The work is in charge of an Ex-Student Committee appointed by the College Church, and consists of one member of the Faculty, an assistant secretary and two students. This committee sends out letters every week to ex-students and graduates, letters of greeting, and enquiry as to their occupation, church attendance, etc. The information contained in the replies to these letters is card-filed in the office and is available not only to the committee but also to the office staff. In the case of Christian ex-students who have not yet connected themselves with the life and work of a church in their community, the Committee continues to use influence by correspondence, interviews, etc., with the ex-student, or with a Chinese pastor or missionary living in this district, or with all three, until good results are reported. In the ease of non-

Christian ex-students the committee uses modified but similar methods with a view to winning them to discipleship and to membership in the churches. It is a pleasure to state that this work has been attended by success to such a degree that it will be continued, and with increasing thoroughness.

The Alumni Association is also a great aid in the conservation work. Since the majority of the members are active Christians the influence of their meetings as well as the influence exerted personally is in the right direction. However, the Ex-Student Committee will continue their cultivation in order to stimulate them to greater activity.

College Spirit

In recent years there has been considerable growth in student *esprit de corps* which has manifested itself among other ways in spontaneous outbursts of singing of college songs and cheering. Fresh evidence of this spirit coupled with the spirit of loyalty was given when the President, Dr. F. J. White, recently started home on furlough. As he left his home a group of students escorted him to a gaily decorated carriage drawn by eighteen students and followed by the rest of the student body. Up the hot dusty road for a full mile the long column trudged, cheering and singing to the Point where goodbye speeches were made. As Dr. White disappeared around the bend the students forced into the empty carriage the new Acting President, Tong Tsing En, and pulled him back to the college with an enthusiasm and rejoicing equal to that shown at the beginning. The desire of the students to support the new Chinese administration was very marked, and is prophetic of a new day in China.

The Future

In conclusion the growth of the institution in the various ways in which it contributes to the building up of the Kingdom in China is a matter for profound gratitude to God. In these few years of work the fruitage has not been great in quantity, but it has been of high quality, which is a matter for rejoicing. And in future years as the instruction is continued, the one aim and ideal will be to build up the students into the measure of the stature of the fulness of Christ — an ideal which is contained in four characters engraved on the recently adopted college seal 信義勤愛 "Truth, Righteousness, Diligence and Love."

二十年来之本报[①]

清议不张死不休，煌煌天籁震神州。书生腕力休云小，竟挽狂澜已倒流。

——郑章成博士咏《天籁》诗

天籁报中之天籁，发乎情止乎理，言者无罪闻者足戒。

天籁之效力，登高一呼，群谷响应，雄鸣一叫，梦魂皆苏。

——陈钟凡先生《闲坐谈天籁》语

（一）导言

比年以来，吾国出版界中，以学校性质而得博社会之时誉者，除五四运动北京大学之《新潮（Renaissance）》，清华之《清华学报》以外，本校之《天籁》亦将鼎足而三焉。在海上各大学刊物中，年龄最高而得刻仍继续出版者，首推圣约翰之《约翰声》，次则为本报。值今本校二十週（周年）纪念，凡前任本报诸职员，或已在外洋学成归国，为国家社会奔走，或方负笈异邦，或正服务母校。孰谓《天籁》一纸，固经十五年来若干人才艰难缔造而有今日之盛者也！爰请进而述其过去与现状，俾读者得一明本报历来真相焉。

（二）最初时期之本报

本报系创始于民国元年春季，当时系署名"上海浸会大学堂天籁报社印行"。

① 本文原载1926年6月出版的《最近之二十年——沪大二十週（周年）纪念天籁报特刊》，作者邱培豪。

第一期即于是年六月出版，中英合刊，每季出版一册。其时草创伊始，由社长郑章成、副长邬志坚二君主其事。关于中西文主稿员，则有陆士寅、缪秋笙、鲍哲庆、严恩椿、施肇夔、于寿椿、陈文龙、陈钟凡诸君，内容大都倾向文艺。杨敷庆、施肇夔、郑博士、孟群君之诗词，严恩椿、顾振亚、陈钟凡诸先生之论说文字，堪称无隅独有。当时编辑部设在思晏堂三楼，课余各同学即从事著述。时发起诸君竟然惟恐经济不给，销行不广，中途废止，贻学校羞。然草创时期之《天籁》，终得安然度过民国二年。本报社长郑博士卒业赴美，副长邬志坚硕士留校任教授年余，后亦联袂西渡，而第一卷《天籁》其他职员亦多离校，于是第二卷新职员，始赓续前业。此时期本报社长为傅智君，副长为严恩椿博士，中西文主稿员有江绍源、姚传法、李芷芳、缪慰椿诸君，仍以季报性质，每季出版一次。民国三年，于寿椿、鲍哲庆、陆士寅、严其富四君相继卒业。至第四卷社长为赖祖光，副长为已故陆麟书博士，中英文主稿员有徐志摩、唐启宇、刘颐年、戚正成、陈禹平、董承琅暨已故陆博士。中英文总主笔二席，则由教职员林朝翰、魏馥兰二氏充任。校内除由销报员胡泳麒、董承玙二君担任外，校外概由《时事新报》馆发售。自二卷至第四期之《天籁》，内容完全倾向社论暨小说方面。关于小说文字，如陆麟书博士译自Munsey's magazine之《自杀鉴》，署名痴少年君译自Horace Walpole之《铁冠缘》（Castle of Otranto），姚传法君之《断壶离情记》，杨敷庆之《秋窗风雨录》等篇，文笔哀艳，悱恻动人，都为本报文艺上之有数杰作。陈元龙君之《人类原始论》、《繁露社会说义之管见》，陆麟书博士之《有神篇》，江真父君之《地税归公刍言》等篇学术文字，颇见旁征博引之劳，实为精心结撰之作。所以在外销路，几乎洛阳纸贵，盛极一时。

（三）改组时期之本报

民国六年三月，《天籁报》始经一度改组，归沪大与杭州蕙兰中学、苏州晏成中学、宁波浸会中学三校合办，月出二大张，中西文并列，有论衡、学述、文录、诗录、小说、纪事各门，并有插图，每年八册，每份价洋一角，内容注重论说文字，每期稿子，均为四校同学匠心之作。时总主笔为赖祖光君。这时期的《天籁报》印刷精良，气魂雄壮，中英文各稿，形式上都仿外间各日报模样，绝不类学校出版物，在海上各学校中，几有Inter Schoolastic Newspaper之称。《天籁》在外销路，既日益增加，于是每期广告生意，更是盛极。当时上海底各学校出版物，能值得一看的，除掉圣约翰大学底《约翰声》和南洋大学底《南洋》以外，本校的《天籁》便要鼎足而三了。然要讲到形式上气魂之大，和取材的精审，《约翰声》和《南洋》更觉瞠乎其后。自民六至民八年，《天籁报》中素负时誉的作者林兆棠、祝壮华、严恩椿、朱博泉、董承琅、应元道、陈元龙、郑方珩、戴贯一、张舍我、姚传法诸君。一切《天籁报》社社务，均由各四校代表商决，此可说为本报全盛时期。以前本报无顾问之设，此时乃增设顾问四人，中文为董景安、林朝翰，英文为李达、梅佩礼四先生。组织止分编辑发行二部。发行部总干事为朱博泉君，顾问则为伊文士先生。各附属中学作者如蕙兰之王步贤、杜祖林，晏成之胡长风、陈渤君，亦颇从事为本报撰述。同时各校亦有《天籁》月刊社职员之设，如中西文访问员干事等，俾利与沪大本报总社合作。本报至此乃由季报而改为月刊。

民国七年，本报至第七卷，除旧有之三校合办以外，复加入绍兴越材、梅县广益、上海明强三中学，合沪大七校。此时代《天籁》复由新闻纸式而改为杂志式，将篇幅缩小，装订成册。封面及纸张，均甚美观，而编制方法则颇新颖，与《东方杂志》相仿佛，内容以短篇小说作品最夥，如《绮梦缘》、《千古恨》、《铁一牛》、《妹活我》等，讽世哀情警世历史短篇小说类皆以最经济的一段文字，描写最惊心的一桩事实，除旧有各栏文字，复增设校评、研究、演词、学说等门。年出六册，所登文稿责任，概由各校编辑部自行负责。故于作者姓氏之上，每篇皆附注校名，以专责任。本报此时期职员，顾问有林杏生、严慰萱、约翰生三先生，编辑部设总编辑、副编辑二位，由朱博泉、徐民谋充任，关于中西文主笔，有祝壮华、裘家奎、胡剑心、薛俊生、萧元恩、周雪臣、顾溥森、董承玙、陈庆华诸君。七年正月二十日，复出特刊一册，多登文艺之部，及中西文比赛演词，与平时以新闻为主者不同，装潢样式，颇形壮观。

是年正月，本报顿失去一位历届中文主撰人材陈君元龙。此君于民七一月四日在吴淞外铜沙洋普济商轮，为新丰船撞沉溺死。生前于汉学极有根底，平时涉猎甚广，所为文章，富于学术思想，辄本自己心得，作为根本探究之论。死后本校师友所有悼文哀词，几乎充塞《天籁》篇幅，兹将旧有之民七《天籁》林朝翰先生所撰之《哀陈元龙》一文，节录于下，俾略窥此君生平行状：

"陈君元龙，浙之永嘉人也，永故文学薮，学派渊源，在宋元为著。近人如仲容孙氏，为胜清一代绣师之殿，学者莫不重之。君夙宗其乡先正之朴学，又以时多故，则思兼综西法，走海上，习泰西语言文字，借径以通其邮。在沪江大学凡六年，余与之同处久深悉其为人，与其所志，君亦数数暱就余，商量旧学，意恒相得，性喜购书，古本珍籍插架上几满。校课暇必取诵一卷乃已，尝曰：吾一日未读线装书者，如宿负未释然，（中略）毕业后，馆蒋氏。蒋故巨家，富藏书。君益得纵览其所有，而学亦益进。（中略）君死之半月前，犹由其友朱君博泉速余见过也。痛哉！君死以七年一月四日之夜三时，方偕其夫人乘普济商轮归申，遽于吴淞外之铜沙洋，为新丰船撞沉，遂同逐波臣以去。（下略）"

是年暑假，张君舍我亦卒业离校，君家贫好学，喜笔墨，常从事小说，以所获充学资。同学辈辄以未来之小说家目之。《天籁》改组，曾任新闻部部长并汉文主笔。今君毕业后，竟擅长小说鸣于时，盖亦本报二十年来有数之著作人材者也。

(四)月刊时期之本报

民八以后，各附属中学如蕙兰、晏成等渐次发达，至成人状态，无须与沪大合作。同时沪大自身，经历年扩充，学生人数增加，精神上物质上已有充分接济，卓然显能自立。各校境遇，既各不同，《天籁》由是乃收归沪大一校承办。民国十年秋季，本报至第十一卷，以《天籁》之名沿用已久，乃改为《沪 江大学月刊》，全年共出八期，直接归本校沪江大学月刊社发行。组织方面，共分编辑发行二部，中文总编辑为徐松石君，英文总编辑则为陈建勋君。中英文主笔有张仕章、苏灿福、钱翼民、钟鲁斋、陈开懋、谭绍华、潘恩霖、李克鸿、马安图诸君。发行部复添设印刷、分销、广告、邮递四经理并干事八位。民十二年钟鲁斋、马安图二君，任为中英文总编辑。时中英文主笔计有高为雄、何仲箫、周骥、邵绳武、吴夔臣、汪承镐 、李启谦、林兆业诸君。女生之执本报笔政者，中文有徐师竹女士，英文方面则有黄桂芳女士，而干事中亦有周菊美女士加入。是为女生在本报任事之嚆矢。发行部由张四维、黄乃麟、马安华三君担任印刷广告暨分销。自民八至民十二年，本报继续发刊，至第十二卷，内容渐趋于学术化。在此《天籁》中兴期内，后起之秀的作者有朱荣泉、张仕章、曾友豪、钟鲁斋、徐松石、苏灿福、屠哲隐、何仲箫、冯树华、顾彭年诸君。朱君邃于诗学，张屠吴徐四君，长于评论，苏君与曾鲁二君，好为学术文字，三人汉学根底甚深，所登作品，往往引经据史，富于学术思想。钟鲁斋君之《列子哲学中国中古时代之理财政策》冯树华君之《经济观之史记》、曾友豪君之《经典上的小老婆》等各篇学术论文，尤富精彩，足为此时期《天籁》之特色。

是年第十二卷第六期，适值沪大十五周年，于是在民国十三年六月，便有《沪江大学十五周年特刊》发行之举，全书页数与平时月刊无异，惟内容全涉校史方面，论著只王西神、胡怀琛二先生所撰之《十五年来中国之小说》及《十五年来中国之哲学》二篇而已。此为本报发刊以来所有之第二次特刊。

本报在此数年之中，经济上除由广告及定户接济以外，其余定全仰给学校，由本校司库耆荷福先生Mr. Kelhofer担任。迨民国十一年秋季，学校当局以经费支，不肯接济，而本报复债台高筑，难作无米之炊。《天籁》受此经济上 打击，遂不得不暂告停刊。

(五)复活时期之本报

本报以此停刊，足有一年。民国十二年秋季，始由郑章成博士发起，重行继续发刊，经费由各同学担任，规定每学期半元，于交学费时缴纳。由是《天籁》遂宣告复活。第十三卷第一期，居然在民国十三年三月十五日出版。在此复活时期初年，主其事者为欲迎合一般沪大旧同学心理起见，取材方面颇注重校闻。关于长篇学术文字，绝无仅有。自第七期起，出了许多批评、教育、夏令儿校、家庭、宗教等专号。每期页数较前略少。第一期署名为复活号，盖取本报复活之义也。此时期《天籁》组织方面，共分执行、编辑、发行三大部。执行部为部长、书记与司库，编辑部除中英文总编辑二人外，复添设文艺、运动、新闻中英文编辑各三人，发行部除总经理外，复有总经理、广告经理、分销经理三人，干事八位。是时吴嵩庆君主中文笔政，兼执行部部长，潘恩霖君主英文笔政，总经理则为徐振东君，三君富于合作精神，故出版甚形迅速，未尝愆期。自是本报遂直接隶于本校自治会出版部，除执行部部长须为该会职员外，余者均由自治会执行部推举。是年《天籁》职员即为本校自治会第一任出版部职员也。

民国十三年十月，本报第十四卷第一期出世。时值江浙战事爆发，所有本报之重要职员均未能准时到校，致出版愆期。是年组织方面稍有变动，执行部增设副部长一人，干事六位改为分销员八人，并为便利校闻栏集稿起见，另增设中英文各级通讯员十位，由各级推举。此期《天籁》执行部部长为叶宗恺君，中英文总编辑则为张文昌君与黄桂芳女士。出版虽甚迟缓，然编制方面已较前改良不少，每期中文页数亦较前增加，共分评论、通论、研究、文艺、校闻、运动新闻六门，所登作品渐倾向于学术化。是年《天籁》为引起全体同学对于国文之注意与投稿兴趣起见，特发起一度征文。蒙朱经农先生暨郑章成博士慨助大洋十五元，作为应征获取者奖品。结果大学部共取三名，中学部共取二名。大学部前三名为孔庆麟题为《中国弊制论》、蔡辉甫题为《规定中学课程的原理》、彭善彰题为《花木兰考》三君，中学部为曹亚侠题为《贫穷原因之研究》与戴葆鎏君题为《词人纳兰容若评传》。第十四卷七八两期，即冠以征文号合刊。翌年四月有《纪念孙中山先生》专号发刊。时部长叶宗恺君暨英文总编辑黄桂芳女士以事辞职，由龚以慈、左景銮二君继任。编辑部复增设中英文编辑员各三位。此年《天籁》作者陆渊君好为政治评论文字，彭望荃女士好作白话文艺小品。此外亦有许多素负时誉之作者。

（六）本报现状谭

余述本报之过去历史，止于第十四卷。至于本报现状，则自第十五卷民国十四年秋季至著者草此文时为止，本刊同人承本报先进诸子，殚力经营，苦心规划，十余年来，得在国内各大学出版界别树一帜，蜚声士林。复蒙各同学殷勤付托，谬膺重任，时谋扩充，亟思有所以改进之处。迩者半载来辛勤筹备之沪大二十周纪念特刊，居然告成，其中经过之种种困难情形，当事者自知，无庸赘述。爰将本报现状，榷陈如左。

（1）组织方面　　关于此层，并无偌大变更，惟发行部分销员则为手续上便利起见，由六位减为校内与校外二位，上学期为杜受禄、朱启勋二君，本学期则为丁道君与马恩德君。前任部长申莹澈君以事辞职，由朱君耀夔兼任，书记梅国珍君赴美，司库凌宪扬君亦以事辞去，由范国梁、聂光祇二君充任，总经理朱启勋君系补充鲍玉章君之职。本学期复有朱舜琴君加入中文部为校闻栏主笔，其余仍照旧。

(2) 编制方面　　本报现时中文每期止二十八页，英文共二十四页，故每期稿件如过原定字数，必须下期减少照补。关于此层，中文部最感困难，因平时投稿者所用之纸，既无定式，编辑者又无打字机重行打出，势必依数逐行计算，此举最为费时。至于删改，尚属次之。本报既因每期页数有限，于是不得以最经济方法排列，同时更力求便于读者阅读，富于美观。此层凡读者试一披本报十五卷各期，内容排法，与以前各卷相较，便可知之。封面之美观，编制之新颖，与读者心理俱有莫大关系。本刊于此数点，均甚注意。关于材料方面，自以研究文字来稿最少，评论暨文艺方面最多，通论次之，而所被屏弃者亦最多。本报以凡稍有价值之刊物，不能不在学术上立脚，对于国内各界，有所特殊供献，故内容颇趋重学术化文字。同时于社评及校评方面，亦多方采取。近复每期增辟"时事短评"一栏，每篇所占篇幅既少，而所论类皆时局上之切肤问题，尤易引起读者兴味。同时本报得益贯澈发挥舆论之至意焉，本学期所出各期，取材愈见精审，富于学术精神，斯则编制上不能不谓为较前进步者也。

(3) 财政方面　　凡一出版物之能逐渐改进扩充全恃财政一项为之枢纽，本刊经济命脉，除广告与定户外，全赖各同学每中期缴纳之半元报费。现照预算表上，平时每期印刷，约费$84.50，全学期八期，七二二元。每学期各项进款，共有七百十六元，余者悉须另外设法弥补，特刊则不在此例。

本刊此届著作人材极夥，故在集稿方面，尚不觉有何困难，然以区区每期廿八页，而欲搜罗如许之篇数，在封面上罗列殆遍，一方面欲求见赏于读者，一方面欲在经济上力为节省，发稿时已觉苦于应付，以下数点，即为本报现状，所有美中不足之点，而希望补正于未来者。

(1) 以后当教职员学生双方合作，俾材料上得以充分接济，愈加精审，而编辑者亦可得稍息仔肩。

(2) 将半月刊改为季刊，俾篇幅加多。时间既长，易于应付。长篇重要学术论文，复得以尽量登载。自无零星接续之弊，同时取材既富，页数增厚，愈足显为有价值刊物之精神。

(3) 中英文分离或全用中文，查中英文合璧式之刊物，在国内为教会学校出版界所独有，徒占篇幅，于实无补，今后当力矫此弊。

一九二六年四月二日

后记

1916年的世界，欧战正酣。在著名的血肉磨坊凡尔登以及索姆河发生的惨烈战斗几乎持续了一整年。

1916年的中国，同样战火纷飞，时局剧烈动荡。袁世凯称帝引燃了西南护国运动的战火，各省纷纷独立。而帝制废除后一代枭雄的黯然离世又开启了随后军阀割据和混战的时代。

在这个动荡不安的年份，作为远东第一繁华都市的上海相对安定，而位于黄浦江畔的沪江大学校园，则更成为"乱世中的伊甸园"。

通过搜集沪江大学各时期档案文献，全方位清晰还原沪江大学的办学历程和历史细节，是我们长久以来的愿望。由于此前围绕徐志摩的沪江印迹搜集的档案史料已经相对完备，所以便有了本书的先行问世。

因此，本书的编纂完成，并不标志我们研究工作的终止或暂停。她是我们进一步在全球范围征集文献资料、对沪江早期历史展开更广泛深入研究的一个新的开始。

在本书所介绍的徐志摩就读沪江时期的校长和中外教员中，柏高德、魏馥兰和董景安的后代近年先后到访我馆，并提供了不少资料和原始文献。我们希望通过本书的出版，能有缘与梅佩礼、海波士、韩森、汪宗海、葛学溥、耆荷福、伊文士、林朝翰等的后代建立联系。

1916年时，约有100多名莘莘学子在沪江校园内学习、生活。他们不光在沪江历史上留下了身影，也在中国现代史上留下了或深或浅的印迹。除了徐志摩、吴经熊等知名人物以其天纵才情和对社会的贡献不断赢得后世的关注和景仰，其实每一个与沪江相关的生命的起伏跌宕都是值得我们关注的。遗憾的是，对于他们中的大多数，我们的了解相当有限。

1916年初毕业的陈元龙，才华出众，曾任天籁社社长。1918年1月在普济轮海难中丧生于吴淞口。陆麟书、虞秉荣、胡诠骐、唐宁康是1917届学生，他们是1916年沪江校园最活跃的人，在社团活动中头衔众多，数不胜数。陆麟书1918年与徐志摩、姚传法等同船赴美留学，入芝加哥大学专攻教育心理学，学成归国后任沪江大学教育科主任、心理系教授。可惜于1924年5月29日新婚蜜月中突染伤寒症盛年离世。唐宁康毕业后两赴美国深造，先在芝加哥大学获理学硕士学位，后在密歇根大学获化学博士学位。回国后，曾任沪江大学化学系主任、教授。1952年调任华东师范大学化学系主任、教授。胡诠骐毕业后先任职青年会，1926年赴哥伦比亚大学攻读人寿保险和商业管理学，1929年回国后成为上海的"保险业大王"。1940年11月因病去世。关于虞秉荣的文献记载稀少。

陈禹平、董承琅是1918届毕业生。陈禹平深受魏馥兰校长赏识，毕业后留校任教，并任校长助理。1920年校园内发生霍乱，陈禹平不幸染病，于9月15日英年早逝。董承琅1920年赴美国密歇根大学攻读医科，1924年获医学博士学位。回国后先后在北京协和医院和上海市第六人民医院工作。1992年11月在美国明尼苏达州罗彻斯特市去世。

我们找到这些早期校友就读沪江时留下的珍贵图像资料，希望通过本书的出版，使他们的生命痕迹得到长久保存，流布于世。

本书由吴禹星担任主编。在本书的资料搜集过程中，得到了上海市档案馆、上海市图书馆、华东师大图书馆等单位的大力支持。魏馥兰校长的后代魏金龙（Tim White）也为本书提供了大量珍贵文献资料。

同事刘子侠、刘淑娟在前期资料搜集工作中付出了大量心血，外语学院研究生程德桂、施祥、冯曼、王强、张伟东在英文文献资料翻译方面提供了及时的帮助，出版印刷与艺术设计学院的黄思宇同学参与了后期文稿整理工作。上海师范大学古文献专业的周其琄、陈皓同学协助完成了徐志摩发表于《天籁》的文言文的注释。此外在档案馆勤工助学的研究生王心红、顾萍、段楚奇等都参与了本书的部分工作。

学校分管档案馆工作的领导江才妹、档案馆馆长杨佐平，华东师范大学王铁仙教授，复旦大学图书馆龙向洋、华东师大档案馆魏明扬等同行以及本校校史研究的同事吴元骠和王细荣等老师都非常关注本书的编辑出版，并给予了热心指点和帮助。

非常感谢徐志摩嫡孙徐善曾先生和他三位胞姐对本书的关注和鼓励，感谢陈子善先生百忙中为本书作序。

感谢上海交通大学出版社编辑吴芸茜、姬雪萍为本书的顺利出版付出的心血。

Epilogue

In 1916, Europe was entangled itself in wars. The fierce fighting in Verdun and the Battle of Somme had almost lasted for a whole year.

China, in 1916, was also in the time of turbulence. The claim to be an emperor of Yuan Shikai had stirred up the National Protection Movement, thus a number of provinces declared to be independent one after another. However, The death of the powerful person opened the time of warlordism and fightings shortly after the ablition of monarch.

In this time of turbulence, Shanghai, a city that was the most fashionable in the far east, was relatively peaceful, Shanghai College, located at the riverside of Huangpu River, could be called the "Garden of Eden among the chaos" .

Though collecting the archives of every period of Shanghai College, It has been a long-cherished wish to restore the history of Shanghai College. The archives of Hsu Chih-mo in Shanghai College has been relatively complete, thus leading to the release of this book.

Therefore, the completion of this book is not a termination or suspension, but a beginning of further collecting the documents around the world and more intensive study of the early history of Shanghai College.

Among the president and teachers both at home and abroad in the period of Hsu Chih-mo studying in Shanghai College mentioned in this book, the descendants of John Thomas Proctor, Francis Johnstone White and Tong Tsing En have paid visits to our archive and have provided lots of materials and primary data. With the issue of this book, we hope that we have the chance to connect the descendants of Frederick

Carleton Mabee, John Burder Hipps, Victor Hanson, Charles Hart Westbrook, Daniel Harrison Kulp, II, Ernest Kelhofer ,Edward Evans, Jr., Lin Dzao Han, etc.

In 1916, there are about 100 students studying in Shanghai College. They have not only leaving footprints in the history of Shanghai College, but also influential in the contemporary history of China. Apart from Hsu Chih-mo and Wu Jingxiong and other celebrities, who have won the concerns and admirations of the later generations due to their talents and contributions to the society, actually, every person that has connection to the ups and downs of Shanghai College is worthy being concerned.

Chen Yuanlong, a graduate at the beginning of 1916, was talented and had been the president of the Voice Society. He died in a shipwreck of Puji Ship at the mouth of Woosung in the January of 1918. Loh Lingsu、Yu Pingyong、Hu Yungchi、Tang Ningkong are graduates of 1917, who have los of titles in the club activities, they were the most energetic students in the college of 1916. Loh Lingsu went for studying in America along with Hsu Chih-mo, Yao Chwanfah in the same ship. He specialized in educational psychology in University of Chicago, and had become the director of education department and a professor in psychology. Unfortunately, he died from typhoid during the honeymoon trip on May, 29th, 1924. Tang Ningkong went for further study in America two years after graduation, first received degree of master in science in University of Chicago, then doctor degree of chemistry in University of Michigan. After returning back to China, he had been the director and professor of chemistry in Shanghai College. In 1952, he was transferred to be the director and professor of chemistry of East China Normal University. Hu Yungchi had in charge of YMCA after graduation, in 1926 he went to study in Columbia University, specialized in life insurance and commercial management, and had been a "giant in insurance" in Shanghai when he returned to China in 1929, he died of an illness in November, 1940. In regard to Yu Pingyong, there is little record.

Chen Yuping, Tong Chinlang are graduate of 1918. Chen Yuping was appreciated by the president White, he taught in the college after graduation and had been the assistant of the president. In 1920, he was infected with cholera which was epidemic on the campus, died young on September, the 15th. Tong Chinlang went for study in America in University of Michigan, specialized in medicine, and received degree of Doctor of Medicine in 1924. He then worked in Peking Union Medical College Hospital and Shanghai 6th People's Hospital after returning to China. He died in Rochester, Minnesota, America in November, 1992.

We have found the pictures of these early alumnus during their study in Shanghai College. We hope to preserve their traces of life for a long time and in the public eye by the publish of the book.

The book is Edited by Wu Yuxing. In the course of data collection, it has been greatly supported by the Shanghai City Archive, Shanghai Library, library of East China Normal University. Tim White, the grandson of the president F. J. White, has also provided lots of valuable documents.

My colleague Liu Zixia, Liu Shujuan has paid great painstaking efforts in the early data collection, graduate students Cheng Degui, Shi Xiang, Feng Man, Wang Qiang, Zhang Weidong who comes from the foreign language school have offered great and timely help in translating the English documents, Huang Siyu, student from the publishing and printing and arts and design school has participated in the tidying up. Zhou Qijuan and Chen Hao, who are students from the Shanghai Normal University majored in archeography, have assisted in the completion of the annotation of the classic Chinese written by Xu Zhimo. Besides, graduate students Wang Xinhong, Guping, Duan Chuqi who worked as work-study program have participated in the completion of parts of the book.

The competent leadership of our Archive Secretary Jiang, curator of the Archive Yang Zuoping, and my doctor mentor Professor Wang Tiexian, Long Xianglong, from library of Fudan, Wei Mingyang from the Archive of East China Normal University, the predecessor in the study of the history of our university Wu Yuanbiao, Wang Xirong have all paid close attention to the editing and publishing of this book, and all offer earnest guide and help.

Many thanks to Xu Shanzeng, the grandson of Hsu Chih-mo,and his sisters, thanks for your encouraging, concern and support. Heartfelt thanks to Chen Zishan, who has written preface for the book.

Thanks to Wu Yunqian, the editor in charge of Shanghai Jiao Tong University Press, who has spared on efforts in the publishing of the book.

（程德桂　译）